Kauderwelsch
Band 139

Impressum

Sibylle Kohls
Berlinerisch —das Deutsch der Hauptstadt
erschienen im
REISE KNOW-HOW Verlag Peter Rump GmbH
Osnabrücker Str. 79, D-33649 Bielefeld
info@reise-know-how.de

Bearbeitung & Layout	Elfi H.M. Gilissen
Layout-Konzept	Günter Pawlak, FaktorZwo! Bielefeld
Umschlag	Peter Rump (Titelfoto: Kristine Jaath)
Karthographie	Iain Macneish
Illustrationen	Andreas Hancock
Druck und Bindung	Fuldaer Verlagsagentur, Fulda

ISBN 3-89416-508-1
Printed in Germany

Dieses Buch ist erhältlich in jeder Buchhandlung der BRD,
Österreichs, der Schweiz und der Benelux. Bitte informieren
Sie Ihren Buchhändler über folgende Bezugsadressen:

BRD	Prolit GmbH, Postfach 9, 35461 Fernwald (Annerod)
	sowie alle Barsortimente
Schweiz	AVA-buch 2000, Postfach 27, CH-8910 Affoltern
Österreich	Mohr Morawa Buchvertrieb GmbH
	Sulzengasse 2, A-1230 Wien
Benelux	Assimil Benelux, 5-7 Rue des Pierres, B-1000 Bruxelles
direkt	Wer im Buchhandel kein Glück hat, bekommt unsere Bücher

zuzüglich Porto- und Verpackungskosten auch direkt beim
Rump Direktversand, Heidekampstraße 18, D-49809 Lingen
oder über unseren Internet-Shop: **www.reise-know-how.de**
Zu diesem Buch ist ein **Tonträger** erhältlich, ebenfalls in
jeder Buchhandlung der BRD, Österreichs, der Schweiz und
der Benelux.
Der Verlag möchte die **Reihen Kauderwelsch
& ReiseWortSchatz** weiter ausbauen und **sucht Autoren**!
Mehr Informationen finden Sie auf unserer Internetseite
**www.reise-know-how.de/buecher/special/
schreiblust-inhalt.html**

Kauderwelsch

Sibylle Kohls

Berlinerisch
das Deutsch der Hauptstadt

REISE KNOW-HOW
im Internet
www.reise-know-how.de
info@reise-know-how.de

*Aktuelle Reisetipps
und Neuigkeiten,
Ergänzungen nach
Redaktionsschluss,
Büchershop und
Sonderangebote
rund ums Reisen*

Die
REISE KNOW-HOW Verlag
Peter Rump GmbH
ist Mitglied der
Verlagsgruppe REISE KNOW-HOW

Kauderwelsch-Dialektführer sind anders!

Warum? Weil sie die Zugereisten — egal ob touristisch oder beruflich — in die Lage versetzen, das Kauderwelsch der alteingesessenen Bewohner vor Ort mit all seinen fremdartig und zuweilen lustig klingenden Lauten und Ausdrücken wirklich zu verstehen, und sich gekonnt in die **Lebensart, das Lebensgefühl, die Lebensphilosophie** der Menschen vor Ort einzufühlen. Denn ein Dialekt ist nie nur eine andere Art zu sprechen, sondern der Spiegel einer anderen Art zu denken, fühlen, genießen, leben und lieben.

Wir verzichten daher auf langatmige sprachwissenschaftliche Abhandlungen über die Herkunft des Dialektes und kommen nach den **grundlegenden lautlichen und grammatikalischen Unterschieden** gleich zu dem, was Alteingesessene auf der Straße und zu Hause sprechen. So wird es ein Leichtes, dem Charme des trockenen Humors und der bildreichen Sprache der deutschen Dialekte und Mundarten zu erliegen.

Die **Autorinnen und Autoren** werden Sie immer wieder zum Schmunzeln bringen und gekonnt Mentalität und Lebensgefühl des jeweiligen Sprachraumes vermitteln. Es erwarten Sie sprachliche Leckerbissen, gespickt mit **umgangssprachlichen Floskeln, Redewendungen und lockeren Sprüchen**, die den Mutterwitz der Bewohner charakterisieren.

Glücklicherweise gibt es noch Menschen - alt und jung, Zugereiste oder Alteingesessene- , die das **Hochdeutsche** mit Liebe links liegen lassen und Ihnen mit einer gehörigen Portion Dialekt einige Rätsel aufgeben. Das gilt natürlich auch für **Wienerisch** oder **Schweizerdeutsch**.

Und weil's so schön ist, erfreut sich manch ein Dialekt auch weit über die eigentlichen Sprachgrenzen hinaus großer Beliebtheit wie z.B. **Kölsch** — die Sprache der Domstadt am Rhein —, oder **Berlinerisch** — man denke da nur an Kennedy's Ausspruch „Ick bin ein Berliner"—, oder **Sächsisch**, was nach der Wende besonders oft scherzhaft nachgeahmt wurde.

Inhalt

**Allerhand
Einleitendes**

**Der Berliner im
Gespräch**

Inhalt

**Nützliches
im Anhang**

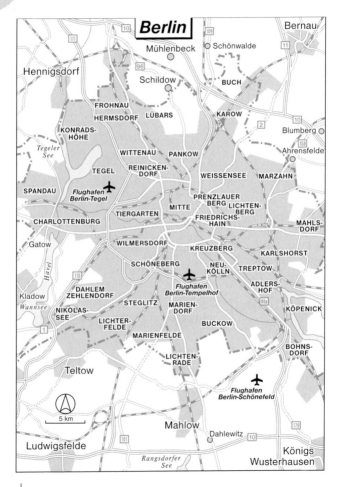

Berlin

Bernau

Mühlenbeck · Schönwalde

Hennigsdorf

Schildow

BUCH

FROHNAU
HERMSDORF · LÜBARS

KAROW

KONRADS-
HÖHE

Blumberg

Tegeler
See

WITTENAU · PANKOW

Ahrensfelde

REINICKEN-
DORF

TEGEL

WEISSENSEE · MARZAHN

SPANDAU

Flughafen
Berlin-Tegel

TIERGARTEN · MITTE

PRENZLAUER
BERG · LICHTEN-
BERG

CHARLOTTENBURG

FRIEDRICHS-
HAIN

MAHLS-
DORF

Gatow

WILMERSDORF · KREUZBERG

KARLSHORST

Havel

SCHÖNEBERG

NEU-
KÖLLN · TREPTOW

ADLERS-
HOF

Kladow

DAHLEM
ZEHLENDORF

Flughafen
Berlin-Tempelhof

KÖPENICK

Wannsee

NIKOLAS-
SEE · STEGLITZ · MARIEN-
DORF

LICHTER-
FELDE · BUCKOW

MARIENFELDE

BOHNS-
DORF

Teltow

LICHTEN-
RADE

Flughafen
Berlin-Schönefeld

5 km

Mahlow

Dahlewitz

Ludwigsfelde

Rangsdorfer
See

Königs
Wusterhausen

Vorwort

Berlinisch, Berlinerisch, Ost- oder West-berlinerisch. Wie man es nun nennen soll und was daran für richtig oder falsch gehalten wird, darüber mögen sich die Gelehrten streiten – in Berlin berlinert man – und damit basta! Dazu ist der legendäre Jargon übrigens keineswegs ausreichend; im **Jejentum** *(Gegenteil)*: Entdecken Sie die erfrischende, humorvolle Mentalität der Berliner, denn die macht die Sache erst rund.

Angeblich sind Berliner ziemlich ruppig und direkt – was ihre Wesensart und auch was ihre Sprache betrifft. Sie nehmen weder ein Blatt vor den Mund, noch machen sie aus ihrem Herzen eine Mördergrube. Was jedoch wie eine ungeschickte Aussprache wirkt, lässt bei genauerem Hinhören Witz und Ironie erkennen. Sprichwörtlich ist auch ihre Herzlichkeit, selbst wenn ein eher spröder Charme diese manchmal verdeckt. Es wird gern und viel gelacht, am liebsten in netter Runde und nicht nur über andere, der Berliner kann sich auch gut über eigene Unzulänglichkeiten amüsieren.

Also keene Bange, wa, wir beißen nich und een Perspektivwechsel hat der Bildung ooch noch nich jeschadet. Na, denn kommt ma rin, könnta rauskiekn! Wilkomm inne Hauptstadt!

Sibylle Kohls

Über dieses Büchlein

Die Berliner Mundart ist mehr als andere deutschen Dialekte im Wandel begriffen. Berlin bedeutete schon immer Kommen und Gehen, war immer ein kultureller Schmelztiegel und Ziel unzähliger Menschen aus aller Herren Länder. _Die_ Berliner Mundart lässt sich deshalb auch nur schwer festlegen. Je nach regionalen, sozialen und anderen Einflüssen ist das Berlinern auf sehr unterschiedliche Art und Weise möglich. Welche charakteristischen Laute das Berlinerische ausmachen, finden Sie in dem Kapitel zur Aussprache **Dem Berliner uffs Maul jeschaut**.

Eine standardisierte Berliner Schriftsprache gibt es nicht, daher habe ich mich bemüht, das gesprochene Wort in eine möglichst authentische Lautschrift zu bringen. Und damit Sie erfahren, welchen Ursprung einzelne Worte haben, finden Sie neben der hochdeutschen oft wörtlichen kursiven „Übersetzung" auch noch einen Verweis auf ihre Herkunft. Denn woher die vielfältigen Begriffe stammen, ist häufig auch für die „Alteingesessenen" eine überraschende Neuigkeit. Die verwendeten Abkürzungen für die Herkunft sind: jidd. – jiddisch, ndt. – niederdeutsch, frz. – französisch, hebr. – hebräisch, russ. – russisch. Klang und Herkunft der Wörter ist aber längst nicht alles, was die Sprache der Berliner von der hochdeutschen Sprache

Kauderwelsch-Tonträger

Falls Sie sich die berlinerten Sätze und Wörter aus diesem Buch einmal von einer echten Berlinerin gesprochen hören möchten, kann Ihnen Ihre Buchhandlung das begleitende Tonmaterial zu diesem Buch besorgen. Sie bekommen es auch über den Rump-Direktversand oder unseren Internetshop **www.reise-know-how.de** zuzüglich Porto- und Verpackungskosten.

unterscheidet. Hinweise auf grammatikalische Unterschiede, finden Sie in dem Kapitel **Ooch Jrammatik muss sein**. Danach können Sie sich scho mal so richtig am Berliner Original-Ton versuchen. Wer sich anschließend näher mit der Berliner Mundart beschäftigen möchte, findet unter **Büchaliste** Hinweise auf weiterführernde Literatur. Wem das alles noch nicht übersichtlich genug ist, kann die im Buch vorkommenden Berlinerismen alphabetisch geordnet im **Rejista** am Buchende wiederfinden. **Jibt'da det Lehm een Puff, so weene keene Treene. Lach da'n Ast und setz da druff und baumle mit de Beene.**

Geschichte(n) Berlins und seiner Sprache

Es war einmal ein kleines slawisches Fischerdorf bei einer Furt an der Spree. Und nebenan war gleich noch eines. Die beiden Dörfer gehörten mal denen und mal jenen und wurden mit der Zeit immer größer ... So ungefähr ließe sich der verbriefte Beginn der Geschichte Berlins beschreiben. Als Berlin 1244 das Stadtrecht verliehen bekam – sieben Jahre später als Cölln –, sprachen die Einwohner vorwiegend niederdeutsches Platt.

Drei Jahrhunderte später nahm die Bedeutung der norddeutschen Hanse für Berlin rapide ab und die Kaufleute orientierten sich gen Süden. Damit gewann der obersächsische Dialekt wieder an Einfluss in Berlin und die Sprache der Berliner klang nach und nach wieder ein wenig hochdeutscher: **ú** wurde zu **au** und **í** zu **ei**; die Laute **oo** und **ee** blieben, da man sie sowohl im Niederdeutschen als auch dem Obersächsichen verwendet. Die Berliner sprachen also schon damals weder Sächsisch noch Plattdeutsch *(Kauderwelsch-Bände 74 & 120)*, sondern einen niederdeutschen Dialekt.

Niederdeutsch/
Obersächsisch
Hús/ Haus
dín/ dein
loofen
Beene

Die Oberschicht Berlins sprach allerdings nicht nur diese Berliner Umgangssprache, sondern befleißigte sich auch des Hochdeutschen; zudem wurden französische Wörter benutzt, wie es im 17. Jh. als modern galt. Nachdem Kurfürst Friedrich Wilhelm 1685 durch das Edikt von Potsdam die in Frankreich verfolgten Hugenotten, siedelten sich hochqualifizierte französische Emigranten in Berlin und anderen Teilen Preußens an. Sie gewannen schnell an Einfluss in Verwaltung, Politik und Militär, aber auch im Handwerk und im Bildungsbereich. So ist es kaum verwunderlich, dass Französisch bald die Sprache der höfischen Kreise, der Gebildeten und der Verwaltung wurde. Zwar blieb der niederdeutsche Dialekt Berlins noch hoffähig – aber auch das änderte sich.

Die intellektuellen und gesellschaftlich höher gestellten Kreise betrachteten die in Berlin gesprochene Sprache immer mehr als die des einfachen Volkes. Dementsprechend

bemühte man sich zunehmend um dialekt-
freies Hochdeutsch – oder sprach eben Fran-
zösisch; Friedrich II. wies z.B. die Berliner
Akademie an, Verhandlungen nur noch auf
Französisch zu führen und Veröffentlichun-
gen nur in französischer Sprache zu verfassen.
Aber das Volk berlinerte natürlich unbeküm-
mert weiter und webte lediglich französische
Ausdrücke in ihren Sprachgebrauch mit ein.
Und seitdem ist das Französische im Berliner
Dialekt hängengeblieben.

Neben dem Französischen nahm auch das
Jiddische großen Einfluss auf den Berliner
Dialekt. Vor allem die sogenannten Ostjuden
aus Polen, Russland, Ostpreußen und Schle-
sien bereicherten die Berliner Sprache um hebräisch stämmige Worte und um Begriffe aus
der slawischen Sprachfamilie. Den Einfluss

des Slawischen kann man nicht zuletzt auch an den vielen Ortsbezeichnungen erkennen, die auf **-ow** oder **-in** enden.

Im Verlauf des 19. Jh. wurde das Berlinische im Grunde zu einer Vulgärsprache abgewertet, wie andere Mundarten auch. Das Hochdeutsche galt und gilt als das „richtige Deutsch". In „West-Berlin" ist es auch mehr oder weniger bis heute so geblieben, dass diejenigen, die sich für gebildet und/oder bessergestellt halten, nicht berlinern, sondern Hochdeutsch sprechen. In „Ost-Berlin" kann man jedoch Menschen aller Schichten nach Herzenslust berlinern hören.

Längst ist das Berlinern nicht mehr nur negativ besetzt und wird nicht mehr als ordinär empfunden. Viele in Berlin Geborene und Lebende nehmen den Berliner Dialekt als vertraut, gemütlich und emotional gefärbt wahr. Und wer in Berlin berlinert, tut dies zumeist relativ konsequent; das heißt sowohl privat und – sofern möglich – auch auf der Arbeit. Man erwartet auch, dass unter Freunden und Bekannten in Berlin berlinert wird.

Berliner unter sich berlinern !

In der Intensität des Berlinerns gibt es natürlich große Unterschiede. Während sich ein Teil der Berliner eher einen Knoten in die Zunge machen würde, als **z** zu **ß** werden zu lassen oder Dativ mit Akkusativ zu vertauschen, stört es nicht weiter, wenn die lieben Nachbarn oder die Marktfrau selbiges tun.

> Sind Se sicha, det Se davon een'janzn ßentna hahm wolln?

Dem Berliner uffs Maul jeschaut

feine Pinkels rummrenn uff de Linden

Najut, ick jeb's ja ßu, fein hört'et sich nu nich jrade an, wat wa reden, aba wir saĝen wenichstens, wat wa meen'. Also ehrlich, so mit Herz und Schnauze isset doch siemmal bessa, als uff so'ne Tuhr, wo de't'denn wieda von hintenrum krist, wa? Mein Süßa hat jesaĝt, ich reda imma, als hett'ick Plappawassa jetrunken; aba wat soll ick'n machen ... Wenn'ick Se (ja, Sie meen ick!), also wenn ick'Se jetzte hier anschweijen tehte, dit kehm Ihn' doch ooch komisch vor, nehm'ick ma an. Ick kenn' Se ja nich wöhklich, aba wer untahelt sich schon jerne mit sich selba ... Ick weeß nich ... Also kohz und jut, ick möchte Se echt amutjen, dit ßu fasuchen mit unsan Dialekt – een solcha isset nehmlich und wer wat andret saĝt, hat ehm keene Ahnung nich! So nu belestje ick Se nich weita. Ick wünsch' Ihn' noch schöne Falustierung mit unsan Bonsai-Buch! Atschöh, bis speta ...

Ja, so mag sich das anhören, wenn ein Berliner „Eingeborener" einfach so loslegt und im ersten Moment klingt es ja vielleicht ein bisschen kauderwelschig ...

Damit Sie den obenstehenden Text auch entziffern können, finden Sie im Folgenden endlich ein paar Regeln zur Aussprache der Laute.

Typisch			
pf	⇨	pp	**Kopp, Appel**
	⇨	+e	**Paule, Banke, feste**
ch	⇨	ck	**ick**
k	⇨	ch	**Marcht**
e	⇨	ö	**Mönsch, ölwe**
i	⇨	ö/ü	**Köhsche, Kürsche**
ä	⇨	ee	**seejen, Keese**

Kopf, Apfel
Paul, Bank, fest
ich
Markt
Mensch, elf
Kirsche, Kirche
sägen, Käse

rund ums „r"			
r	⇨	--	**Mamelade**
ur	⇨	oh	**Johke, Mohkel**
-er	⇨	a	**Eima**
ver-	⇨	fa	**fasuchen, Famittlung**

Marmelade
Gurke, Murkel
Eimer
versuchen, Vermittlung

Die Verwandlung zu einem **a** gilt natürlich nicht für das Wort **Berlin**! Kaum zu beschreiben ist die Verwandlung des Gaumen-**r** zu einem **ach**-Laut wie in **Karre**.

das liebe „g"		
g	**j** wie in „Jogurt"	
	jut, janz, jeben	*gut, ganz, geben*
gr, gl	**jr** (seltener)	
	jroß, jrün, jlotzen	*groß, grün, glotzen*
eg, ig, ieg, rg	**ch** wie in „Michael"	
	Weech, wichtich, Siech, Sarch	*Weg, wichtig, Sieg, Sarg*
ag, og, ug	**ch** wie in „machen"	
	Betrach, Trooch, Betruch	*Betrag, Trog, Betrug*

Ebenfalls kaum zu beschreiben ist eine weitere Art, das **g** auszusprechen. In Wörtern mit einem lang gesprochenen dunklen Selbstlaut

– z.B. in sagen, wagen, zogen – hört es sich an, wie eine Mischung aus dem **ch** in Sa<u>ch</u>e und dem **r** in wa<u>r</u>en. In der Literatur wird dieses **g** manchmal durch **j** oder **r** ersetzt; beide treffen es nicht! Wenn Sie versuchen, diesen Laut zu bilden, sollte er ganz weich klingen, denn die Zunge berührt im hinteren Rachenraum das Gaumensegel nicht wirklich. Damit sie beim Lesen die entsprechenden Stellen gleich erkennen, habe ich hier im Büchlein diesen Laut mit **ĝ** gekennzeichnet:

Saĝe ma, haste den Waĝen janz alleene bis dahin jeßoĝen?
Sage mal, hast du den Wagen ganz allein bis dahin gezogen?

das „s"			
Wurst, bürsten	rst ⇨	**hscht**	**Wohscht, böhschten**
was, das, dies	s ⇨	**t**	**wat, dat, dit**
quasseln, Fussel	ss ⇨	**s** (stimmhaft)	**quaseln, Fusel**

Englisches

Ein „c" wird auch **ze** gesprochen, wenn es der Anfangslaut eines englischen Begriffes ist, wie zum Beispiel bei **Zittie** *(City)*, **Zinnema** *(Cinema)* oder **Zent(n)a** *(Center)*. Andere englische Wörter berlinert man auch frei nach Schnauze, so wie es eben gerade herauskommt. Regeln gibt's dabei keine.

Französisches				
-ent	*paravent*	⇨	-eng	**Paraweng**
	moment	⇨	-ang	**Momang**
-eint	*teint*	⇨	-eng	**Teng**
-ain	*terrain*	⇨	-eng	**Terreng**
-ein	*plein*	⇨	-eng	**pleng**
-in	*gratin*	⇨	-eng	**Grateng**
	satin	⇨		**Sateng**
-euse	*chauffeuse*	⇨	-öse	**Schofföse**

Neese pleng
= *Nase voll (haben)*

Der Name des Schlosses, in dem der Bundes-
präsident wohnt, spricht man nicht Französisch „*Bellevue*", sondern **Bell<u>e</u>wüh** (mit e!).

Mittlerweile seltener			
ö	⇨	**ee**	**Keenig**
ü	⇨	**ie**	**Hiete**
z	⇨	**ß**	**ßiehn, ßahn**

König
Hüte
ziehen, Zahn

So einfach und dahingeworfen die berlinerten
Floskeln auch klingen mögen, ein paar Aus-
sprache- und Wortbildungsregln sollten Sie
noch kennen lernen. Lesen Sie sich hierzu folgende Sätze mehrmals laut vor:

Nu saĝ do'ma, watte jelernt hast!
Kannste nich?
Haste wieda zu ville jequasselt, wa?!

Diese drei kurzen Sätze zeigen sehr anschau-
lich, wie wichtig beim Berlinern Zusammen-
ziehungen und Auslassungen sind.

Wortverschmelzungen

Tätigkeitswörter oder Fragewörter mit Für-
wörtern zu verbinden, ist ein Muss:

hast du	**haste**
kann er	**kanna**
was du	**watte**
kriegst/bekommst du	**kriste**

aber: ick'krieje, *etc.*

Auslassungen

nicht	**nich**	nun	**nu**
doch	**do**	mal	**ma**
nicht wahr	**wa**		

Beim charakteristischen **wa?!** *(nicht wahr)* un-
terschlagen Berliner sogar mehr als die En-
dung ... Aber über diese Weglassungen amü-
siert sich der Berliner selbst ganz gerne und
gibt dem mehr oder minder ahnungslosen
Gegenüber schon einmal so ein Rätsel auf:
Was sind die am häufigsten gebrauchten Worte in einer Kneipe? – Die Antwort lautet:
Schlange, Mama und **Eishockey**. Und die ba-
nale Auflösung:

Schlange	Schon lange hier?
	⇨ **Sch'lange hier?**
Mama	Mach' mal voll! (das Glas)
	⇨ **Ma'ma voll!**
Eishockey	Alles okay?!
	⇨ **A'es'okeh**?!

Verdopplungen

Amüsant sind die Verdopplungen, die man in Berlin gern verwendet, wie **doppelt jemoppelt, 'n weißa Schümmel, 'n falscha Fehla, weeßte fastehste?** Oder Sie hören merkwürdige Lautverdrehungen:

nüscht jenauet
weeß man nich
= *man weiß nichts Genaues*

Lestaschwein	Schwester(lein) *Lästerschwein*
Mottenpost	Morgenpost, Tageszeitung
zum Bleistift	zum Beispiel
Schweineöde	Schöneweide, Stadtteil im Bezirk Treptow
Jrünau	genau *Grünau, Stadtteil im Bezirk Köpenick*

Haste dir 'ne Hole jebeult?

Hast du dir eine Beule geholt?

Ooch Jrammatik muss sein

Ob es eine spezielle Grammatik gibt in Berlin? Aber hallo! Fangen wir mal bei den Hauptwörtern (Substantive) an; die dekliniert man einfach anders als im Hochdeutschen. Der 1. Fall (Nominativ) ist noch unauffällig, aber für den 2. Fall (Genitiv) wird es bunter:

die Bletta von den Baum
oder: **den Baum seine Bletta**
die Blätter des Baumes

det Euta vonne (von die) Kuh
oder: **die Kuh ihr Euta**
das Euter der Kuh

die Puppe vonnet (von det) Kind
oder: **det Kind seine Puppe**
die Puppe des Kindes

Wenn der 3.Fall (Dativ) und der 4.Fall (Akkusativ) zum „Akkudativ" verschmelzen:

Ick hab den Hund den Knochen jejehm.
Ich habe dem Hund den Knochen gegeben.

Haste die Frau det Jeld fasprochen?
Hast du der Frau das Geld versprochen?

Jib doch det Kind den Appel!
Gib doch dem Kind den Apfel!

Beim Berliner entspricht der Akkudativ der hochdeutschen Dativform. Das hat dem berlinernden Berliner den Ruf eingetragen, er sage immer „mir", auch wenn es richtig sei ... Darüber kann der Berliner lachen, oder er macht auf andere Art deutlich, worum es wirklich geht:

*Ick liebe dir, ick liebe dich
wie´s richtig heeßt, det weeß ick nich,
doch klopft mein Herz so schnelle.
Ick lieb dich uffn dritten Fall,
ick lieb dich uffn vierten Fall,
ick lieb dich uff alle Fälle.*

Mehrzahl

Anders als im Hochdeutschen sagt man statt „Dinge(r)" einfach **Dinga**, statt „Jungen, Mädchen" sagt man **Jungens, Meechens** und auch ein **n** wird gerne als Zeichen der Mehrzahl (Plural) angehängt: „Häuser" = **Häusan**, „Kniee" = **Knieen**. Die Bildung der Mehrzahl ist also mit den Endungen **-a** *(-er)*, **-s** und **-n** möglich.

Gebräuchlicher als der vielgerühmte Akkudativ sind aber die Abwandlungen **ma** und **da** für mir/mich bzw. dir/dich:

> Haste ma wat Jutet mitjebracht oda has' da wieda so'n Müll uffschwatzen lassen?

zu, nach, als, wie, ...

Diese Verhältniswörter (Präpositionen) werden anders als im Hochdeutschen verwendet:

Ick jeh nach de Ahbeet / nach de Schule.
Ich gehe zur Arbeit / zur Schule.

Jehste ßu Hause ?
Gehst du nach Hause?

Bei den komm ick nich mit.
Zu dem komme ich nicht mit.

Wat kiekst'n so? Bloß wall'ick een Kopp kleena bin wie du?
Warum guckst du denn so? Bloß, weil ich einen Kopf kleiner bin als du?

Wenn de nich uffhörst, hol ick meene Atze; der is stärka wie du. Denn hauta dir eene!
Wenn du nicht aufhörst, hole ich meinen Bruder; der ist stärker als du. Dann haut der dir eine!

Vergangenheit

Wenn der Berliner Geschichten erzählt, tut er dies ausnehmend gern in der vollendeten Vergangenheit (Plusquamperfekt).

So'ne Karre hatt'ick ooch ma jehabt.
So ein Auto hatte ich auch mal.

und zum Schluss noch ...

Der Olle is inna Wanne fasoffen.
Der Mann ist in der Badewanne ertrunken.

Die Vorsilbe er- (ersoffen) wird manchmal auf ver- (versoffen) erweitert.

Bei der Befehlsform (Imperativ) unterlässt der Berliner die im Hochdeutschen üblichen Lautveränderungen *(vergessen ⇨ vergiss)*:

Fajess nich wieda allet!
Vergiss nicht wieder alles!

Ansonsten wird auch gerne mit dem Hilfsverb „tun" umschrieben. Dann hört sich „Meine Güte, wie der sich immer anstellt!" so an:

Meine Jüte, wie der sich imma ham tut!

raus, rin, ruff ...

Wo ordentlich berlinert wird, da fallen Späne. Der Berliner sägt einfach die Vorsilben der Umstandswörtern (Adverbien) ab, so dass es dann eben **raus, rin, da drinne, da druff** heißt, statt heraus, herein, darinnen, darauf:

Da ha'ick keen Bock druff.
Darauf habe ich keine Lust *(keinen Bock)*.

Jetzt können sich schon sicherer im sprachlichen Regelwerk der deutschen Hauptstadt bewegen:
Nu bleim Se ma janz locka, denn jetze steijen wa richtich in det Janze rin ...

Wie man sich'n Reim druff macht

Zum Berlinern gehört mehr als nur die legendäre Kodderschnauze. Halten Sie Augen und Ohren offen und Sie werden vielfältige Facetten des Berlinerns wahrnehmen. Allein das Vokabular mit dem der Berliner „sprechen" oder „reden" zum Ausdruck bringen kann, reicht von den eher leisen Varianten wie **flüstan, drucksen, blubban, brabbeln** über einfache Begriffe für eine Unterhaltung wie **sabbeln, schnattan, quackeln** und lautere Redensarten wie **quietschen** und **bellen** bis hin zu **laban, schwafeln**. Auch **aus'nandaklabüsan, belatschan** und **breitschlaĝen** sind sehr lautmalerisch und lassen auch ohne Dolmetscher erahnen, worum es im Einzelnen geht. **Seian** und **Jeseia** bezeichnen langweiliges, sich wiederholendes Reden, abgeleitet von *Geseier* ⇨ „gesera", was soviel wie Verordnung oder Bestimmung heißt. **Tacheles** *(jidd. tachlis: Endzweck)* bzw. **Makulatur** reden, bedeutet auf das Wesentliche kommen und Klartext reden.

Nein, in den wilden Weiten dieser Stadt hausen nicht nur grobe, laute und ungebildete Menschen ... Alles ist vertreten und wenn man die weniger offiziellen Einwohner mal nicht mitrechnet (z.B. Langzeit-Besucher, Gastarbeiter, Obdachlose und Studenten), sind es weit über 3 Mio. verschiedenster Persönlichkeiten.
Tja, det is jan'schön bunt hier, wa?!

drucksen
= *nicht mit der Sprache herausrücken*

blubban, brabbeln
= *undeutlich reden*

quietschen
= *schreien, quengeln*

bellen
= *unfreundliches, lautes Ansprechen*

laban, schwafeln
= *ausschweifendes Erzählen*

aus'nandaklabüsan =
genau erklären

belatschan
= *überreden*

breitschlaĝen
= *verbal überrumpeln*

Wie man sich'n Reim druff macht

Wer oder was ist denn überhaupt ein **Berliner?** Abgesehen davon, dass ich natürlich nicht die mit Marmelade gefüllten, schmalzgebackenen Hefekuchen meine (die in Berlin übrigens **Fannkuchen** heißen). Zunächst gibt es also die „Eingeborenen", die zwar unter den Sammelbegriff „Berliner" fallen, sich in aller Regel aber innerhalb der Stadt eher als Bewohner eines bestimmten Stadtbezirkes verstehen.

*Faschtehn Se?
Die sind also ja nich
so einfach,
wie se erstma aussehn!
Det bedeutet,
det eena aus
Wilhelmsruh in Pankow
in Berlin kommt,
die neeßte aus Rixdorf,
wat in Neukölln is.
Wat zwa ooch in Berlin
liecht, aba davon jib's,
wie jesaßt, mindestens
zich Vajanten. Wenn det
ma reichen tut, wa ...*

Die ureigenste Identität der Einwohner Berlins macht sich ganz selbstverständlich an dem **Kiez** fest, in dem sie leben. Das kann ein Straßenzug sein, ein **Karré** oder ein kleineres Viertel in dem eigentlichen Stadtbezirk. Und natürlich ist der eigene **Kiez** immer der Beste; da findet der Alltag statt und dort ist es auch am **allajemütlichsten**. Natürlich kennt man auch andere Gegenden der Stadt; aber letzten Endes wird das Zugehörigkeitsgefühl zum Heimat-**Kiez** durch mehr oder minder Ernst gemeinte Vorurteile gegenüber den anderen gestärkt. Ob nun waschecht oder nicht: bierernst wird gewiss nicht darüber verhandelt, ob einer wirklich ein Berliner sein kann, wenn er nicht in Spreewasser getauft wurde.

Für viele der **Zujezoĝenen** oder **Nachjemachten** ist Berlin längst zur zweiten Heimat geworden, was den relativ „frischen" Bewohnern, die ihren Arbeitsplatz bislang in Bonn oder anderswo hatten, natürlich auch zu wünschen ist. Wer Berlin schließlich als seine Stadt „adoptiert", der wird sich tapfer und ungeachtet der Relikte seines Heimatdialekts ebenfalls als Berliner bezeichnen. Denn stolz ist man gern auf diese Stadt und auf echte Berliner. Berliner haben ihr Herz eben am richtigen Fleck. Auch wenn Gefühle und Empfindungen manchmal hinter einer gewissen Nüchternheit, hinter Ironie und Skepsis versteckt bleiben, werden Sie bald sehen, dass diese Art, in Bildern und Methaphern zu reden, sehr faszinierend ist.

Wenn etwas dreimal **abjeseecht** *(abgesägt)* und **imma noch zu kohz** ist, hat das genauso wenig Logik wie die Anschauung: **Bessa 'ne Jlatze als wie ja keene Haare.** Kann sich jemand nicht entscheiden, fragt man **Wat'n nu, ja oda ja?** bzw. **Ent oda weda?**

Det jeht mir durch Mahk und Fennich.
Das erschüttert mich.

Der Appel fällt nich weit von't Ferd.
(in Anlehnung an das bekannte Sprichwort)

Der hat Einfälle wie'n ollet Haus.
Der hat viele gute Ideen.

Ick hab so'n Dohscht, det'ick vor Hunga nich weeß, wo'ick die Nacht schlafen soll
Ich bin ganz durcheinander, so schlecht geht es mir.

Det will ick ma nich übahört ham.
Das will ich nicht gehört haben.

Ent oda weda?

Widersprüche

Der Berliner freut sich auf den verwirrten Ge-
sichtsausdruck seines Gesprächspartners,
wenn er solche Sätze vom Stapel lässt:

**Ahbeet macht det Lehm süß,
Faulheit stärkt de Jlieda.**
Arbeit macht das Leben süß,
Faulheit stärkt die Glieder.

**Wolln ma sehn, saĝt der Blinde,
ob der Lahme jehn kann.**
Wollen mal sehen, sagt der Blinde,
ob der Lahme gehen kann.

Wortspielereien

**Früha hatten die Jörn Rotzneesen,
heute hahm die Rotzneesen Jörn.**
Früher hatten die Gören Rotznasen,
heute haben die Rotznasen Kinder.

Hier geht es nicht um Teenage-Schwanger-
schaften, sondern um die Lust der Berliner an
Wortspielereien. Sollten Sie jemanden sagen
hören: **Puh, wat is'n det für'ne Akustik hier!**,
dann spielt er darauf an, dass an diesem Ort
schlechte Luft ist oder es gar übel riecht. Machen Sie sich keine Sorgen, wenn jemand
droht **Ick schmeiß ma hintan Bus!** denn das
bedeutet lediglich, dass alles kein Problem ist.

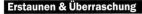
Erstaunen & Überraschung

**Ick jloob, ick steh im Wald /
mein Schwein feift / mein Hamsta bohnat!**
Ich glaube, ich stehe im Wald /
mein Schwein pfeift / mein Hamster bohnert!

Da wird doch der Hund inna Fanne farückt!
Da wird doch der Hund in der Pfanne
verrückt!

Ach du heilja Bimbam/Strohsack!
Ach du heiliger Bimbam/Strohsack!

Mönsch, du krist'de Tür nich zu!
Mensch, du kriegst die Tür nicht zu!

Ick jloob, ma laust der Affe!
Ich glaube, mich laust der Affe!

Anerkennung

Anerkennung ist, wenn der Berliner etwas
bzw. jemand **dufte, schau, knorke, sauba,
dolle, 'ne Wolke, primstens** oder **schnieke** findet. Und sonst:

primstens
= *prima & bestens*

Mein lieba Herr Jesangsvaein.
Det fetzt ein / is fetzich.
Mein lieba Scholli. *(von frz. joli: hübsch)*
Det is nich ohne!
Det hat sich jewaschen.
Na, det is ja'ne Wucht.

schnieke
= *auf die äußere
Erscheinung bezogen*

Zweifel

Quatsch nich, Krause, jeh nach Hause.
Quatsch nicht, geh nach Hause (dir glaubt
doch keiner).

Eh, Alta, det jloobste ja selba nich.
Ach was, das glaubst du doch selber nicht.

Du jibst wieda an wie 'ne Lore Affen.
Spiel dich nicht wieder so auf.

Ej, mach'ma halblang.
He, übertreibe nicht so.

Det is ja wohl Quatsch mit Soße.
Das kann ja gar nicht wahr sein.

Quatsche keinen Käse/ **Quatsch keen Keese/ keene Opan.**
keine Opern Erzähle keinen Unsinn.

Is denn det amtlich?
Stimmt das wirklich?

Zustimmung

Nicht so viele Worte macht der Berliner, wenn
er seinen Zuspruch ausdrückt:

Klaro.	Ist klar.
Klärchen.	*(Verniedlichung von „klar")*
Fastehe.	Ich verstehe.
Keene Fraĝe.	Natürlich.

Aba imma.	Aber immer/ natürlich.
Is jeritzt/jemacht.	Ist abgemacht.
Is jebongt.	Ist gut/ in Ordnung.

von frz. bon: gut

Widerspruch, Verneinung & Ablehnung

Äußert der Berliner Widerspruch, Verneinung oder Ablehnung, ist die Palette der Möglichkeiten jedoch fast unerschöpflich.

Nö, fajiss'it!
Nein, vergiss es!

Nich die Bohne.
Überhaupt nicht.

Dit kannste unta Ulk fabuchen.
Das ist ja wohl ein Spaß.

Du bist woll nich bei Troste.
Du bist wohl verrückt.

Det is doch Bockmist.
Das ist doch dumm/ sinnlos.

Det is nich mein Fall.
Das mag/ will ich nicht.

Da ha'ick keene Meenung zu.
Das interessiert mich nicht.

Det jehta'n feuchten Dreck/ Kehrricht an.
Das geht dich gar nichts an.

Ick werd'da wat husten, wer'ick da.
Von mir bekommst du keine Unterstützung.

frz. retour = zurück	**Na, det war ja woll'ne Retuhrkutsche.**
	Diesen Vorwurf gebe ich zurück.

jidd. schtuß	**Det is doch Stuss !**
= Narrheit, Torheit	Das ist doch Quatsch.

Gleichgültigkeit

Wenn man Gleichgültigkeit an den Tag legen möchte, bieten sich die Worte **schnohz** *(schnurz)*, **piepejal, pomade, schnuppe, Wohscht** *(Wurst)* oder **Jacke wie Hose** an, die sämtlich dasselbe bedeuten, nämlich, dass es einem **Banane** ist, also vollkommen egal.

Ooch Jrüßen hat wat mit Maniern zu tun ...

...Sagt meene Omma imma und die muss'et ja wissen! Bevor Sie mit Berliner Metaphern um sich werfen, sollten Sie erfahren, wie Grüßen in Berlin funktioniert:

Als ironische Anleihe auf den Gruß in Süddeutschland sagt der Berliner auch schon mal: Jrüß Jott, wenn de'n siehst.

('n) Morjen.	Guten Morgen.
Tach ooch.	Guten Tag (auch).
Tachchen.	Guten Tag.
Een wunderschön'!	(... guten Tag).
Mahlzeit.	(Gruß zu Mittagszeit) auch: *gesegnete Mahlzeit*
'n'Ahmt.	Guten Abend.

Auf die Frage **Wie jeht's?** kann man ganz unterschiedlich antworten:

Ooch, mir jeht's danke.
Jestan jing's noch.
Heute bessa als morjen.
Schlechte Menschen jeht's imma jut.

Oder noch weniger Ernst und dabei auch ein wenig distanziert formuliert, antwortet der Berliner „Ziemlich mies / nicht so toll.":

Wie jeht´s?

Bescheiden is jeprahlt.

Meesta
= *Meister*

Scheffin
= *Chefin*

Anrede

Frollein
= *junges Mädchen*

Damit der Berliner sich auch angesprochen fühlt, wenn Sie ihn ansprechen, können Sie Ihrem Gruß einen „Titel" wie **Meesta** oder **Scheffin** voranstellen oder anhängen. Der oder die so Angesprochene wird seine/ihre Überraschung oft nicht verbergen und die eher rhetorische Rückfrage **Wat'n, icke?!** können Sie dann ja souverän mit einem freundlichen **Naja, so dolle schiel'ick ja nu ooch nich, oda?!** kontern. Der Punkt geht an Sie!

junga Mann
= *junger Mann*

meene Jutste
= *meine Beste*

meen Jutsta
= *mein Bester*

Kind und Kejel

So, und jetze komm Se ma mit und machen jroße Lauscha. Wall jetz zeij'ick Ihn' ma, wat so los is in so'ne janz normale Familje. Stell'n Se sich ma vor, Se sind'n Mäusken und huschen so von een Zimma in't neechste. Is ja villei'janz bildsam für Se und neujierich sind Se wahscheinlich ooch, wa? Aba falln Se nich jlei von'n Hocka: da is ooch nich imma Friede, Freude, Eiakuchen. Naja, det wär ja nu ooch Quatsch, wa? Woandas wird ja ooch nur mit Wassa jekocht.

Familie	
Familie	**Bagage** *(von frz. bagage: Gepäck)*, **Sippe, Blase, Bande, Innung, Pack, Truppen, Mischpoke** *(von jidd. mischpocho: Stamm)*
Eltern	**die Ollen, meene Alten**
Vater	**Papa, Fata, der Olle, der Alte**
Mutter	**Mama, Mutta, die Olle, die Alte**
Mann, Gatte	**Männe, meen Anjetrauta**
Frau, Gattin	**meene Trude, die Olle, die Alte**
Bruder	**Atze, Keule, Eule, Schnalle**
Schwester	**Elle** *(von frz. elle: sie)*, **Schwelle**

Besonders viele Berliner Begriffe gibt es für die lieben Kleinen, über die natürlich immer so einige Geschichten erzählt werden.

Kinder

Jörn *(Gören)*, **Ableja** *(Ableger)*, **Kohze** *(Kurze)*	*Kinder*
Blagen, Wensta *(Wänster)*, **Padden, Kröten, Rangen, Quadden, Belja** *(Bälger)*, **Ratten, Krabben**	*kleine Kinder*
Hosenmatz, Stippi, Steppke, Piefke, Dreikeesehoch	*kleiner Junge*
Racka	*lebhaftes Kind*
Piepel, Bengel	*Junge*
Rabauken, Rasselbande	*laute Kinder*
Wonneproppen	*dickes Kind*
Kejel *(Kegel)*	*Adoptivkinder*

Natürlich machen Kinder überall auf der Welt manchmal Dinge, die ihre Eltern nicht so gerne sehen. Darauf reagieren die **Fawachsnen**, also die (v)erwachsenen Menschen, ganz unterschiedlich:

Wat is'n hier Phase?
Was ist denn hier los?

Da krichste ja die Motten!
Das hält man ja nicht aus!

Erna, du jehst ma uff'n Senkel / uff'n Docht.
Erna, du nervst mich.

Zweemal predicht der Pasta nich!
Zwei Mal predigt der Pfarrer nicht!
Ich sage es nicht zwei Mal!

*Wenn Leute die
Nerven verlieren, läuft
man Gefahr*
wat vorn Nüschel,
vorn Latz, hinta de Kiem
oda auße Ahmkasse
(Armenkasse)
zu kriejen.
Oda ooch eene jelangt,
jescheppat, jestreichelt,
jesemmelt,
uff't Dach oda
uff'n Deckel zu kriejen.

Zweemal predicht
der Pasta nich!

**Ach knall da doch selba eene,
ick'hab jetz keene Zeit dazu.**
Gib dir doch selbst eine Ohrfeige,
ich habe gerade keine Zeit dazu.

**Hör uff zu sing', sonst kleb'ick da eene,
dette weeßt, wieso de flennst.**
Hör auf zu weinen, sonst hau' ich dir eine,
damit du weißt, warum du weinst.

Herz und Schnauze: Der Berliner

Eigentlich unterscheiden sich Berliner nicht so sehr von den anderen menschlichen Geschöpfen. Und doch hat man in Berlin eine Vielzahl an phantasievollen Begriffen für Menschen und ihre Eigenheiten.

der menschliche Körper

Kopp, Omme, Jondel, Bonje, Dutt, Keks, Ballon, Deez *(frz. tête: Kopf)*, **Böhne** *(Birne)*	*Kopf*
Fusseln, Tupeh, Wolle, Matte, Zotteln	*Haare*
Jesicht(e), Antlitz, Visage, Fratze	*Gesicht*
Oogen, Jlubscha, Scheinwerfa	*Augen*
Schnauze, Jusche *(Gusche)*, **Nüchel, Futtaluke, Sabbel, Backen, Schnute, Fresse**	*Mund*
Neese, Johke *(Gurke)*, **Knolle, Zinken, Rüssel, Riechkolm** *(-kolben)*	*Nase*
Spucke, Sabba, Aule	*Speichel*
Lauscha, Horchlöffel, Löffel	*Ohren*
Mollenfriedhof, Wanst, Wampe	*Bauch*
Buckel, Kreuze	*Rücken*
Tentakeln, Jreifa	*Arme*
Foten, Jriffel, Flossen, Patschen	*Hände*
Pöka, valängata Rücken, Ahsch, Sitzfleisch, Hintan	*Po*
Beene, Stelzen, Stamfa, Alabastasäulen	*Beine*
Quanten, Quadratlatschen, Mauken, Elb-/Odakehne, Eppelkehne, Keesebeene	*Füße*
Pelle, Fell	*Haut*

Das stille Örtchen

Wenn wir schon mal beim Körper sind, gleich noch ein paar Worte zu einem der häufigsten menschlichen Bedürfnisse ...

Toilette	**Topp, Lokus, Pott, Töh, Donnabalken**
Pissoir	**Pissoá**
das kleine Geschäft	**pinkeln, pullan, piseln,** **den Kaffee / das Bier wegtraßen**
das große Geschäft	**'ne Sitzung hahm, een abseilen,** **'n Ei lejen, wat Jroßet vorham**
nötig müssen	**mir dremmelts, mir bressierts**
noch nötiger müssen	**ick'hab schon Treen inne Oogen**
äußerst nötig müssen	**det kiekt schon bald raus**
furzen	**een ziehn lassen, 'n Koffa stehn lassen**

Wat jroßet vorham

Und wer besonders häufig muss, hat eine **Pionierblase: imma bereit!** „Immer bereit!" war in der DDR der Gruß der Jungen Pioniere und Antwort auf die Aufforderung „Seid bereit!"; also ein Insider-Spruch, mit dem Sie vor allem Ost-Berliner verblüffen können.

Körperform und Alter

Das Erscheinungsbild seiner Mitmenschen beschreibt der Berliner nicht eben poetisch. Es ist aber eher gutmütig als bösartig gemeint, denn auch hier macht der Ton die Musik.

kurz und klein:
'ne Handbreit üba de Scheualeiste,
'n abjebroch'na Riese, 'n Kohza, murklich

Eijentlich hatta ja det richtje Jewicht, aba dafür issa 'n bissken zu kleen.

lang und dürr:
langa Lulatsch, Schlacks, Bohnenstange
sprilljet Jerippe, 'n Jehopse, spacke, dürre

dick und rund:
Klops uff Beene, 'n janz Schlanka,
'n Uffjeblas'na, Fettsack, Fruchtbrumme

jung oder alt:
· **noch jrün hinta de Ohrn, frisch**
oll, Knacka (*Mann*), **Schabracke** (*Frau*),
scheintot

Intelligenz

Een janz Schlaua ist einer, dem wir das genaue Gegenteil unterstellen:

bescheuat, bedeppat, behemmat, bekloppt
dusslich, plemplem
meschugge (*jidd. für verdreht, verrückt*)
bist woll nich janz ...?

Einen Persilschein *hat jemand, der Narrenfreiheit genießt.*

Wenn Sie mal **du kannst wo'nich dafür?**
d.b.d.d.h.k.P./u.k.k.U. **'n Riss inna Schüssel hahm**
an den Kopf **'ne weiche Birne/Keks hahm**
geschmissen **nich janz tacko sein**
bekommen, heißt das: **'n kleenen Mann im Ohr hahm**
doof bleibt doof, **een Flitz/Fimmel hahm**
da helfen keine Pillen **inne Klapsmühle jehör'n**
bzw.: und keine **'ne Macke hahm** *(jidd. makko: Schlag, Stoß).*
kalten Umschläge.

Dumme Menschen nennt der Berliner **Dussel, Dehmlack** *(Dämlack),* **doowe Nuss, taube Nuss** oder – etwas verrückter – **Knalla, Knallkopp. Nulpen** oder **Feifen** sind Versager und

Hastoch keen Schimma/ Nichtsnutze. Aber ehe jemand einfach **direk-**
Peilung/Dunst ... **temang beschompfen** wird, muss der Berliner
Du hast doch keine schon mächtig gereizt, also **wütich** oder **saua**
Ahnung ... sein und dann kann sich **so'n Eumel** *(merkwürdiger Kerl)* aber frischmachen!

Daneben benehmen

Wer sich zuviel herausnimmt, dass heißt, wer **'ne Lippe riskiert oda andaweitich am Zeija dreht**, ist in den Augen der Berliner dreist und frech – **kess, pampich, 'n Flejel oda 'n Lümmel**.
 Wenn Berliner den begründeten Verdacht haben, es könne ein Fehler sein, eine bestimmte Person ins Vertrauen zu ziehen, weil dieser **tücksch, falsch** ist, bringen sie das unverhohlen zum Ausdruck:

Korb auf dem Rücken **Der lücht ma ja de Hucke voll!**
Der lügt doch!

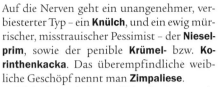

Auf die Nerven geht ein unangenehmer, verbiesterter Typ – ein **Knülch**, und ein ewig mürrischer, misstrauischer Pessimist – der **Nieselprim**, sowie der penible **Krümel-** bzw. **Korinthenkacka**. Das überempfindliche weibliche Geschöpf nennt man **Zimpaliese**.

Nicht **imma hahm se öhjendwat zu meckan**, die Berliner. **Im Jejentum**: Die **Juten** werden als **feine, schöne** oder sogar **wundaschöne Mitböhja** *(Mitbürger)* bezeichnet. Was bei Berlinern zählt? – Herz und Schnauze! Eine Seele von Mensch zu sein und trotzdem **'ne klare Ansaĝe zu machen** muss sich ja nicht ausschließen... Wirklich schön sind Menschen eben doch nur von innen – **Ooch in Berlin, wa?!**

Kieken und kieken lassen

In Berlin gibt es natürlich viel zu sehen, also zu **kieken**, aber bevor wir uns in der Stadt umsehen, wollen wir erstmal einen Blick auf die Leute werfen, die sich in der Stadt aufhalten. Dieses "Leute-kieken" kann **selbstvafreilich** *(selbstverständlich)* außerordentlich spannend sein, da Berlin immer schon ein Magnet für verschiedenste Menschen war.

Besucher aus der Provinz kommen nach Meinung der Berliner in den meisten Fällen aus **Kleinkleckasdorf, Buxtehude** oder **Hintaposemuckel**. Das sind natürlich Orte, die ganz, ganz klein und ziemlich weit weg sind. Leute, die dorther stammen, sind dann vermutlich **Landeia** *(Land-Eier)*. Menschen, die an der Nord- und Ostseeküste leben, werden gerne als **Füschköppe** bezeichnet.

Füschköppe

Auch mit der Gegend südlich der Hauptstadt sind Berliner nicht kleinlich: ob aus der Lausitz, Thüringen oder Sachsen-Anhalt, für viele Berliner sind es eben **Sachsen**. Der sächsische Dialekt hatte übrigens für die Berliner – **hüben wie drüben** – immer einen hohen Unterhaltungswert.

Dann gibt es noch die **Beian** *(Bayern)*, die manchmal Lederhosen anhaben und seltener als vermutet jodeln können. Und auch **vonne Schwahm** *(von den Schwaben)* gibt es wider Erwarten mehr als die bei den Gebrüdern Grimm erwähnten sieben.

Andere Länder

Berlin wird auch von Menschen aus anderen Ländern und von entfernten Kontinenten besucht. Damit es nicht zu verwirrend wird, teilt man Letztere ein in **Schinesen** *(Chinesen)* bzw. **Japsen** *(Japaner)* und **Schwatten** *(Menschen mit dunkler oder eben schwarzer Haut).* Menschen aus dem arabischen Raum werden der Einfachheit halber zum **Kameltreiba** oder **Ölscheich** ernannt.

aba öhjendwatt muss da unten faul sein hinta ihre siem Berje, wenn de ma kiekst, wie viel schon herjekomm' und ooch hierjebliem sind, wa...

Und wundern Sie sich nicht, wenn Ihnen jemand erzählt, er wäre schon in **Portugiesien, Mongolien, Maltesien** und der **Russerei** gewesen. Berliner wissen zwar, wie's „ordentlich" gesprochen wird, aber schließlich heißt es ja auch Italien bzw. Türkei.

Sprachlosigkeit

Zu nahezu allem, was er sieht, gibt der Berliner gern und ungeniert einen Kommentar ab, selbst wenn es ihm die Sprache verschlägt:

Da fellta nüscht mehr ein, wa?
Da bleibt eim jlatt'de Spucke weg!
Haste Töne?!
Aba hallo!

Kleider machen Leute

Wenn man beobachtet, wie sich Leute kleiden, bewegen und verhalten, gibt es aus der Berliner Perspektive so einiges, was **direktemang** mit einer gehörigen Portion Mutterwitz an den Mann gebracht werden muss:

Der hat aba'n ondulierten Jang.
Der bewegt sich / geht aber komisch.

Det sieht doch'n Blinda mit'n Krückstock.
Das sieht man doch ganz genau.

Mönsch, wat'treecht die denn für'n freundlichet Schwahz?!
Mensch, was trägt sie denn für ein freundliches Schwarz?!

Is doch'n schicket Kleid: einfach aba jeschmacklos.
Das ist ein hübsches Kleid: einfach aber geschmacklos.

Mitmenschen

Wo viele Menschen sind, gibt es auch den ein oder anderen nicht so sympathischen. Mit folgenden Begriffen versucht man in Berlin, solche zu beschreiben:

feina Pinkel, Lackaffe
 vornehm/auffällig gekleideter Mensch

Kunde, Fatzke
 unangenehmer Mensch
Fiesling, Schnösel
 arroganter Mensch
Schlitzohr, Kanallje
 nicht vertrauenswürdiger Mensch,
 frz. canaille: Schurke

Mönsch, wat´ treecht die denn für´n freundlichet Schwahz?!

Jesockse
 unsympathische Menschen
Trauakloß
 Pessimist
étepetéte
 geziert, gewollt fein, *frz. être peut-être:*
 vielleicht sein; oder: ndt. ete: öde
ausjebufft, ausjekocht
 gerissen, durchtrieben
übakandidelt
 übergeschnappt, verrückt
schoflich
 gemein, *jidd. shophol: schlecht*

Bemerkungen über Leute, die sich besonders wichtig nehmen:

Manometa, haut der uffe Pauke!
Der gibt aber an / trumpft auf.

Vornehm jeht die Welt zujrunde.
Vornehm geht die Welt zugrunde.

Keen Haar uff'n Kopp, aba 'n Kamm inne Tasche.
Kein Haar auf dem Kopf, aber einen Kamm in der Tasche.

Vornehm jeht de Welt zujrunde!

Und selbst über nicht so reinliche Menschen kann der Berliner schmunzeln:

Kiek ma, der muss sein Kraßen ma wieda teern, det Helle kommt durch.
Schau mal, der muss seinen Kragen mal wieder teeren, das Helle kommt durch.

Wat Leute so für Nahm hahm könn' ...

Eine Binsenweisheit ist, dass Namen beredt Auskunft geben können über Land und Leute. Bevor wir uns aber denen der Nachbarn und Freunde zuwenden, ein kurzer Blick auf gewissermaßen historische Berliner Namen.

Berliner Orginale

Nicht aus dem Berliner Repertoire wegzudenken, ist **Bolle** – zwei davon sind berühmt geworden. Einerseits ein Meiereibesitzer, der Berlin mit Milch und anderen Meiereiwaren versorgte – genauer gesagt taten das die legendären **Bolle-Meechen** mit den entsprechenden **Bolle-Waĝen**. Andererseits wird in einem bekannten Berliner Lied ein gewisser Bolle besungen, der sich in und um Berlin trotz verschiedenster Widrigkeiten **...janz köstlich ammesiert** hat.

Bolle *nennt man auch Zwiebeln, Kartoffeln oder ein großes Loch im Strumpf!*

Der **Eckensteher Nante** heißt eigentlich Ferdinand und ist ein häufig dargestelltes Unikum des alten Berlin. Als **Dienstmann** war er ein vorzüglicher Beobachter, Kenner und Schilderer des Berliner Lebens.

Auch der aus Magdeburg zugewanderte Barbier **Fritze Bollmann** – bekannt wegen seiner Trinkerei und Kauzigkeit – wird in Berlin besungen. Er hatte einen Friseurladen in der Berliner Innenstadt, ging aber auch von Haus zu Haus, um seine Dienste anzubieten.

Ein Dienstmann *ist der für ein Gebiet zuständige Gepäckträger mit Dienstnummer am Ärmel seiner Uniform*

Natürlich hat jeder Stadtteil eigene Originale oder Persönlichkeiten, denen vor allem bei historischen festen die Referenz erwiesen wird; in Köpenick ist das der **Hauptmann von Köpenick**, der in Wirklichkeit ein Schuster war. So manche Anekdote rankt sich um diese legendären Berliner, sowie das ein oder andere Quäntchen Wahrheit. Sehr lebendig hat **Fata Zille in seine jezeichneten Milljöh-Studjen** das Berliner Leben festgehalten – und wurde nebenbei selbst zum Berliner Original.

Vornamen

Auch in Berlin werden Namen gerne verkürzt, so dass nicht immer nachvollziehbar ist, wie der oder die Bezeichnete nun wirklich heißt: Männliche Berliner können **Ete** *(Erich)*, **Hotte** *(Horst)*, **Kutte** *(Kurt)*, **Ralle** *(Ralf)*, **Matze** *(Matthias)*, **Orje** bzw. **Schorsch** *(Georg)* heißen. Bei **Kalle** kann der eigentliche Name Pascal oder Karl(-Heinz) sein, bei **Atze** entweder Artur, Andreas oder Adolf.

Mit Atze *bezeichnet man aber auch seinen Bruder.*

Die Anhängsel **-Fritze, -Aujust, -Hannes** oder **-Maxe** werden auch synonym für „Mann" gebraucht. Der erste Teil bezeichnet dann meist das Gewerbe, dem derjenige nachgeht: **Wohst-Maxe** *(Wurst-)*, **Auto-Fritze, Kohlen-Hannes, Stotta-Aujust** *(Stotter-)*.

Berlinerinnen heißen **Elli, Betty, Liese, Else** *(Elisabeth)*, **Helmi** *(Wilhelmine)*, **Juste** *(Augusta)*, **Jule** *(Julia, Juliana)*, **Hete** *(Hedwig)*, **Rike** *(Friederike, Ulrike, Henrike)*, **Lotte** *(Charlotte)*

und so weiter ... **Jule, Liese, Suse** und **Else**
können aber auch ein gewisses Missfallen
bzw. Unverständnis ausdrücken: **Heulsuse,
Popelliese, Pusch-Else** *(kleines Mädchen, das
noch in die Hosen macht)*. Hingegen sind **Blu-
men-Erna** und **Johken-Juste** auch heutzutage
gebräuchliche Möglichkeiten, Händlerinnen
oder Verkäuferinnen näher zu bezeichnen.

*Wenn jemand den
dicken Willem markiert,
dann gibt er viel Geld
aus und protzt damit.
Diese Redewendung
geht zurück auf die
aufwendige
Hofhaltung Friedrich
Wilhelms II. .
Falls aber jemand von
Ihnen Ihren Willem
erbittet, geht es um
Ihre Unterschrift.*

Manchen Namen hört man nicht sofort an,
ob sich dahinter männliche oder weibliche
Wesen verbergen, wie **Mecki** *(Max, Mechtild)*,
Olli *(Olaf, Oliver, Olga, Olivia)* oder **Siggi** *(Sieg-
fried, Sigrun, Sigrid)*. Und schließlich hört sich
die **Lottalotte** *(von lottern, also schlampen)*
durch die lautmalerische Verdopplung schon
ziemlich unordentlich an, aber man müsste
sich gerade deshalb wohl das Schmunzeln
sehr verkneifen, wollte man diese Vokabel
wirklich als Schimpfwort benutzen.

Berlin – wie haste dir faändat

Sicher sind Ihnen sind die Veränderungen Berlins in den letzten Jahren nicht entgangen, die die Berliner **bei lebendjem Leibe und tachteechlich** *(tagtäglich)* ertragen, beobachten und kommentieren. Mit der Sanierung der Altbauten in den östlichen Gefilden **Spree-Athens** setzte eine kleine Völkerwanderung ein: Vor allem junge Familien zogen ins Berliner Umland, den **Speckjöhtl** *(Speckgürtel)*. Im Gegenzug strömen Kultur-, Büro- und andere Schaffende in die Innenstadtbezirke Prenzlauer Berg, Mitte und Friedrichshain, für den sich besonders jene interessieren, die sich dem Puls der Zeit bzw. der **Zehne** *(Szene)* am nächsten wähnen. Natürlich **döhfense det uff keen' Fall** so eng sehen, denn das Spektrum der Angebote ist so vielfältig, wie die Interessen und Vorlieben in musikalischer, kulinarischer, philosophischer, kultureller und überhaupt jeder Hinsicht nur sein können.

Jehnfalls is, ob Se't jlohm oda nich, Berlin mechtich jrün, ooch wenn'se imma saĝen, det'et rot bleibt, wejen de Politik und so. Jedenfalls ist, ob Sie es glauben oder nicht, Berlin ganz schön grün; auch wenn immer behauptet wird, dass es (politisch) rot bleibt .

In Berlin gibt's ja **schönaweise** auch 'ne janze Menge **Wassa, Jerten** *(Gärten)* **und übahaupt**

Spree-Athen
= *liebevolle bis stolze Bezeichnung für Berlin*

Jott sei Dank is'it hier ja nich so enge, det man sich jleich jejenseitich uff de Beene latschen muss, wenn unsaeens aus'n Haus jeht.
= *Gott sei Dank ist es hier nicht so eng, dass man sich gleich gegenseitig auf die Füße tritt, wenn man aus dem Haus geht.*

so **Jrünzeuch** *(Grünzeug)*. Das sehen Sie besonders gut von einem **Dampfa** *(Dampfer)* aus, wobei Berlins Wasserstraßen neben der interessanten Perspektive auch den Vorteil bieten, nicht so überfüllt zu sein. Neben Spree, Havel und Dahme, den großen Flüssen, gibt es auch die kleine Wuhle oder Panke.

Eijentlich is dit janich so undumm mit so viele unejale Bezirke, da is wenichstens für jeden wat bei. Und bis nach Motzen müssense ooch nich fahn, um sich ma uff'de Wiese zu packen oda int Wassa zu hüppen. Für Auswertje döhftet manchma'n bisskeen ville sein, sich hier nich zu faloofen. Wenn Se also ma wieda öhjendwo dastehn wie'n Hortkind und nich wissen, woher und wohin, denn machen Se ruhig ma den Nüschel uff und fraĝen een von uns, wa?

= Eigentlich ist es gar nicht schlecht mit so vielen verschiedenen Bezirken, da ist wenigstens für jeden etwas dabei. Und sehr weit müssen Sie auch nicht fahren, um sich mal auf eine Wiese zu legen oder zu baden. Für Leute, die nicht von hier sind, dürfte es manchmal ein bisschen schwierig sein, sich hier nicht zu verlaufen. Falls Sie also mal wieder irgendwo ratlos herumstehen und nicht weiter wissen, dann machen Sie ruhig ihren Mund auf und fragen einen von uns, nicht wahr?

dastehen wie´n Hortkind

Parks

der Tierjahten
   der Tiergarten
der Britza Jahten
   der Britzer Garten (ehemaliges Bundes-
   Gartenschau-Gelände)
de Jungfanheide
   die Junfernheide
der Plentawald mit'n Spreepahk
   der Plänterwald mit dem Spreepark
   (Vergnügungspark)
de Jrunewald
   Grunewald
de Müggelberje
   Müggelberge

Den **Mont Klamott** gibt es gleich dreimal in
Berlin; die Bezeichnung steht für einen Berg,
der aus Trümmersteinen nach dem Krieg auf-
geschüttet wurde. Diese Berge sind mittler-
weile zu weitläufigen Parkanlagen gediehen.

Jewohnheitsrecht

Ooch Seen jibs ongmass. Viele Berliner haben natürlich auch ihren Lieblingssee, deren **Lieje- und Badestelle fast mit Jewohnheitsrecht in Beschlach** *(Beschlag)* **jenommen wer'n**. Was dem Westen Berlins der Wannsee, ist dem Osten der Müggelsee.

frz. en masse: in Massen

Gebäude

Auch architektonische und andere Sehenswürdigkeiten werden vom eigenwilligen Humor der Berliner nicht verschont:

Jold-Else
  Figur auf der Siegessäule
Telesparjel, Sankt Walta
  Fernsehturm am Alexanderplatz
Hohla Zahn
  Kaiser-Wilhelm-Gedächtniskirche
Kulturpickel
  Kongresshalle am Alexanderplatz
Nuttenbrosche
  Brunnen auf dem Alexanderplatz
Bonnies Rensch, Dalldorf
  Karl-Bonnhoeffer-Nervenklinik
  (in Wittenau – hieß früher Dalldorf)
Palazzo Prozzo
  Palast der Republik
Schwangere Austa
  Kongresshalle im Tiergarten
  (Haus der Kulturen der Welt)
Langa Lulatsch
  Berliner Funkturm

Bezirke

Der Schahlottenbohja ist keineswegs ein Einwohner Charlottenburgs, sondern ein Schneuzer ohne Taschentuch. Diese Bezeichnung geht auf die Fuhrleute zurück, die früher vom Brandenburger Tor nach Charlottenburg fuhren.

Charlottenburg wird **Schahlottenjrad** *(Charlottengrad)* genannt, weil es dort traditionell eine große russische Gemeinde gibt, die sogar ihre eigene Tageszeitung hat. **Hohen- und Niedaschönjrünkohl** wurden Hohen- bzw. Niederschönhausen wohl genannt, weil sie eigentlich außerhalb der Tore Berlins lagen. Das **Merkwöhdje Fürdl** *(merkwürdiges Viertel)* ist eigentlich das Märkische Viertel. Mit **Steinhausen** sind die beiden östlichen Neubaubezirke Hellersdorf und Marzahn gemeint.

Ansonsten kürzt der Berliner auch bei Ortsbezeichnungen die Worte gerne ab. Da wird der Prenzlauer Berg zu **Prenzlberch**, der Friedrichshain zu **Friedlhain** und Zehlendorf zu **Z-Dorf**. Kreuzberg wird zu **X-Berg** (aber nur in der Schriftsprache!), so wie der Alexanderplatz der **Allex** und der Kurfürstendamm eben der **Ku'damm** bleiben werden.

Tierliebe

Stuhmtieja	Katze *(Stuben-Tiger)*
Köta, Töle	Hund (eher abfällig)
Wauwau	Hund (lautmalerisch)
Kleffa	Hund (kläffend)
Hosentaschenwaldi	sehr kleiner Hund
Kahnickel	Kaninchen
Meesta Lampe	Hase
Piepa, Voğel	Vogel
Jaul, Ackerjaul	Ackergaul

Die **Fiecha** *(Viecher)* werden in vielen Haushalten fast wie Familienmitglieder behandelt, ob es sich um Vögel, Fische oder Kaninchen handelt. Hunde, Katzen und anderes Getier sollen sich ja unter Umständen dazu eignen ihren Besitzern zu bedeuten, wie **tierisch jern** *(sehr, sehr gern)* es jene hat. Aber Achtung:

Kieken Se'n bissken, wo Se hinloofen, wall in manchen Kiez da isset janz schön doll mit'de Tretminen wejen de Tölen.
Gucken Sie ein bisschen, wo sie hintreten, denn in manchen Gebieten gibt es ziemlich viele Hundehaufen.

janz schön dolle Tretminen!

Damit der Berliner Nachwuchs nicht in dem Glauben aufwächst, dass Milch in der Fabrik ensteht und Eier an Bäumen wachsen, gibt es mehrere Kinderbauernhöfe mit Hühnern, Kaninchen, Schafen, Eseln, Pferden, etc.

Pauken, knuffen und malochen

Lernen und Arbeiten gehören zum harten Berliner Alltag, so lange das Wasser die Spree herunterfließt.

lernen

Da haste da ja nich mit Ruhm bekleckat.
Das war keine gelungene Sache.

Bei den kannste keen Bluhmtopp jewinn'.
Bei dem kannst du keinen (guten) Eindruck machen.

Penne	Schule; *lat. penna = Schreibfeder*
Pauka	Lehrer
pauken	lernen
büffeln	angestrengt lernen
intrichtan	einprägen *(eintrichtern)*
schwer von kapee	schwer verstehen
schlechte Klaue, klieren	schlechte, unsaubere Handschrift
schmulen	abgucken

Der hat wat uff'n Kasten/ uff Tasche.
Der kann was.

Bei dir fällt der Jroschen aba ooch fennichweise.
Bei dir fällt der Groschen aber auch pfennigweise.
Du verstehst aber auch nur sehr langsam.

Der hat Jrips inne Jondel/Jrütze inne Böhne.
Der hat Grips in der Gondel/Grütze in der Birne.
Der ist klug.

frz. la main = Hand **Der macht det aus'n Lameng.**
Der macht das einfach so / mühelos.

Den ham se uff de Unität jeschickt.
Den haben sie auf die Universität geschickt.
Der hat studiert.

Mein Schwaĝa seine Elle is ooch uff de Koch-Akemie jejang.
Meines Schwagers Schwester ist auch auf die Koch-Akademie gegangen.
Die Schwester meines Schwagers hat auch eine Ausbildung zur Köchin gemacht.

Welchet Silvesta biste denn?
Welches Semester bist du denn?
In welchem Semester studierst du?

arbeiten

malochen	schwer arbeiten	*jidd. melocho:*
sich abrackan, schindan, knuffen, ackan, knechten	angestrengt, intensiv arbeiten	*schwer arbeiten*
basteln	langwierige Arbeit	
rabotan	konzentriert arbeiten	*russ. rabotatch: arbeiten*
friemeln, pusseln	vertieft in eher feinmotorische Arbeit	
Knochenmühle	Arbeitsstelle	
faulet Luda, Drückeberja	jemand der faul ist	
Faulfieba hahm, faulkrank sein	faul sein	
Mohks, Fusch	schlecht erledigte Aufgabe oder Arbeit	

Natürlich gibt es genügend Anlässe, von Zeit zu Zeit zu sagen, was einen **beim Knuffen so anpiepen tut**, also bei der Arbeit stört:

Nu mach ma keene Welle.
Rege dich nicht so auf.

Trietz ma nich so. / Mach nich so'ne Hatz.
Hetze mich nicht. / Drängele nicht so.

Komm, mach'ma fuffzen.
Komm, mach' mal Pause.

Ick kann essen, wat ick will;
Lust zum Ahbeeten kriejick nich
Ich kann essen, was ich will;
Lust zum Arbeiten bekomme ich nicht.

Die hat die Ahbeet ooch nich erfunden.
Sie ist nicht gerade fleißig.

Wer de Ahbeet afun´n hat, muss ooch nüscht zu tun jehabt hahm...

Man macht so seine Erfahrungen im Arbeits-
leben und zieht daraus auch seine Schlüsse:

Beziehungen schaden nur den,
der se nich hat.
Beziehungen schaden nur dem,
der sie nicht hat.

Die Fanumft fafolcht ma; aba ick bin schnella.
Die Vernunft verfolgt mich, aber ich bin
schneller.

Für viele Berufe haben die Berliner phantasie-
reiche und direkte Bezeichnungen parat:

Polier	Sprecher (meist bei Handwerkern)	*frz. parler: sprechen*
Zahnklempna	Zahnarzt	
Budika	Gastwirt	*frz. boutique: Laden*
Bulle, Polyp	Polizist	
Polente	Polizei	
Huppdohle	Tänzerin	
Bordsteinschwalbe, Schickse	Nutte	
Strippenzieha	Elektriker	
der Herr vonne GWS	Klempner	*Gas, Wasser, Scheiße*
Sesselpupa	Beamter	
Schofföse	Taxifahrerin	
Merkwöhden	Pfarrer	*Merk(Hoch)würden*
Pope, Pasta	Pastor, Pfarrer	
Pinguin	Nonne	
Rechtsvadreha	Jurist, Anwalt	

Abschließend eine kleine Berliner Weisheit:

**Wer de Ahbeet afun'n hat, muss ooch nüscht
zu tun jehabt hahm...**
Wer die Arbeit erfunden hat, muss auch
nichts (Besseres) zu tun gehabt haben...

Von Piepen & Penunnsen

Das liebe Geld spielt in unser aller Leben eine nicht gänzlich unbedeutende Rolle. In Berlin nennt man es **Piepen, Penunnsen, Eia, Mäuse, Knete, Pinkepinke** *(jidd. pinka: Geldbüchse)*, aber auch **Asche, Schotta, Kies** *(hebr. kiss: Geldbeutel)*, **Sand, Kohlen**, und, und, und...

Merka, Emma, Wehrungseinheiten	D-Mark
Fennje, Zaquetschte	Pfennige
Sechsa	fünf Pfennige
Jroschen	zehn Pfennige
Fund	20 Mark; auch 500 Gr.
Fuffi	50 Mark
'n Schein, 'n Blaua/ 'n Hunni	100 Mark
löhnen, berappen, abdrücken, springen lassen	bezahlen
für Dünnet jekooft	für wenig Geld bekommen
die pah Pimpalinge	lächerlich wenig Geld
(dicke) Marie, Pottmaneh, Portjuchee	Portmonnaie
'n Heidenjeld	viel Geld
übas Ohr haun, üba'n Tisch ziehen, behumpsen	betrügen
Schmuh	Betrug

det kost'n Appel und'n Ei
= *das kostet ganz wenig*

Vergeudetes Geld ist fast so schlimm wie nicht vorhandenes. Aber selbst, wenn es **dicke** kommt, das heißt so arg, gibt der Berliner nicht klein bei, denn irgendwann wird er sich ja auch wieder **berappeln** *(erholen)*. **Tell'Awief, so isset ehmt**, sagt er dann schulterzuckend.

Tel Aviv, eigtl. von frz. c'est la vie: so ist das Leben

Denn schmeiß ick det Jeld lieba inne Spree, da hör ick's wenichstens plumpsen.
Dann könnte ich ja gleich das Geld wegwerfen.

Det is ja nich wie bei ahme Leute.
Nicht das jemand denkt, wir hätten nicht genug Geld.

Fass ma'n nackten Mann inne Tasche.
Bei mir ist nichts zu holen.

Reichtum schändet nich und Ahmut macht nich jlücklich

Inholen, koofen, besorjen geht in Berlin wie anderswo auch: in Supermärkten, Tante-Emma-Läden, Boutiquen, im speziellen Fachhandel und auf Märkten; hierüber kann man sich bei den „Eingeborenen" vor Ort oder auch gut per Stadtführer kundig machen.

Zahlen

Da Zeit oft Geld ist, sind die Zahlen in ihren diversen Erscheinungsformen freilich besonders gründlich zu **faklickan** *(erklären)*. Oder wollen Sie **sich 'n X für 'n U vormachen lassen**? Was ein ziemlich schlechtes Geschäft wäre, denn die römische Zahl V *(fünf)* ist **unjefehr jenau** die Hälfte der römischen Zahl X *(zehn)*, **wenn Se fastehn, wat ick meene**.

Hier die wichtigsten Zahlen auf einen Blick:

eens	eins	**sechse**	sechs
zwee	zwei	**sieme**	sieben
dreie	drei	**achte**	acht
viere	vier	**neune**	neun
fümwe	fünf	**zehne**	zehn
hundat	hundert	**dausnd**	tausend

Seitenzahlen
Um Ihnen den Umgang mit den Zahlen etwas zu versüßen, wird auf jeder Seite die Seitenzahl auch lautschriftlich in Berlinerisch angegeben!

Übrigens, ein **falscha Fuffzja** ist nicht etwa ein gefälschter 50-Mark-Schein, sondern eine wenig vertrauenswürdige Person.

Wennet dreizn schleecht ...

■■■■**I**s bei öhjendwem det **Maß voll** – und zwar nicht nur bezüglich der Einhaltung von Terminen. Die Angabe der Uhrzeit in Berlin ist ein Thema für sich; vor allem für jene, die die Sprache der Berliner (vor allem aber die Berliner Logik!) noch nicht so gut verstehen.

In Berlin orientiert man sich immer an der vollen Stunde, auf die es zu geht (z.B. 8:30, 9:00, 16:15, 17:00, 23:45, 24:00). Steht der große Zeiger auf 3, 6 bzw. 9, ist jeweils eine **fürdl** (*Viertel),* eine **halbe** bzw. eine **dreifürdl** Stunde – von dieser ganzen Stunde – vergangen. Jetzt kombiniert man beides, d.h. um 8:30 ist es **halb neune,** um 16:15 ist es **fürdl fümwe,** um 23:45 ist es **dreifürdl zwölwe**.

Man kann sich aber auch an den Viertelstunden orientieren. 8:20 ist dann **zehn vor halb neune**, 16:20 ist **fümf nach fürdl fümwe** und 23:40 ist **fümf vor dreifürdl zwölwe**. Diese Ausrichtung auf die kommende Stunde ist auch eine schöne Metapher für den pragmatischen und optimistischen Charakter der Berliner, **also det wa imma nach vorne kieken**.

Und wenn Sie in Berlin jemanden fragen möchten, wie spät es ist, können Sie das so tun: **Schuldjung, ham Se ma 'ne Uhr?** oder ein bisschen konkreter: **'zeiung, wat is'n die Uhr?** Dann werden Sie bestimmt erfahren, **wat die Uhr jeschlaßen hat!**

Von mittendrin nach j.w.d.

Der Berliner liebt zwar sein Berlin und seinen **Kiez**, aber ab und zu nach **j.w.d.** *(janz weit draußen)* zu fahren, das lässt er sich **in keinsta Weise** *(überhaupt nicht)* nehmen. Viele Berliner leisten sich eine **Laube, Klitsche** oder **Datsche** *(russ. datscha: Bungalow)*, also ein kleines Häuschen mit Garten. Diese Menschen nennt man **Laumpiepa** *(Laubenpieper)*; vor allem wenn ihr **Schrebajaten** *(Schrebergarten)* in einer **Laumkolonie** zu finden ist, der vom Frühjahr bis zum Herbst oft zur zweiten Heimat dieser Menschen wird.

Auch als Nicht-Gartenbesitzer fahren die meisten so oft es geht mit der **janzen Aasbande** *(Freunde, Familie)* hinaus ins Grüne. Zur vereinbarten Zeit kommen sie **anjewackelt, anjetrudelt** *(langsam)*, **anjepeest**, oder **anjefecht** *(schnell)* und man besteigt gemeinsam Bus, U-Bahn oder S-Bahn. Hoffen wir, dass alle einen Sitzplatz finden, denn **lieba schlecht jesessen wie jut jestanden, wa!** Der eine sitzt da **wie'n Öljötze**, bewegt sich nicht und hält die Augen geschlossen, der andere **wie Bresicke**, sitzt einfach gemütlich da und fühlt sich wohl. Dann steigen sie nochmal für einige Minuten in eine **Ferkeltaxe** *(Schienenbus)* um, wo es noch enger ist, weil die Leute mit ihrem **Drahtesel** *(Fahrrad)* auch noch mit müssen. Wenn man ausgestiegen ist, muss man häufig **noch 'n janzet Ende loofen** *(ein längeres Weg-*

stück laufen), bis man am Ausflugziel ange-
kommen ist. Es wird geredet, gegessen, ge-
spielt, gebadet und vor allem ausgeruht.
Sicher findet sich irgendwo am Rand auch
noch eine **Kuhle** oder **Kute** *(Grube, Vertiefung)*,
wo das frisch verliebte Paar **turteln, knutschen**
und **schmusen** *(jidd. schmuo: Geschwätz)* kann.
Auch die ganz Kleinen fühlen sich wohl, denn
in der freien Natur können sie den ganzen
Tag **bahfuß bis unta de Ahme** *(nackt)* herum-
tollen.

Beliebt sind auch **Kremsafahrten** durch die
bezaubernde märkische Landschaft. Bevor die
Rückfahrt angetreten wird, kauft man am
Bahnhof noch **jünstich hübschet Friedhofs-
jemüse** – preiswert frische Schnittblumen –
um sich schließlich wieder dem Berliner Alltag zuzuwenden.

*nach dem Hofrat
Kremser benannte
Kutschwagen mit
Langsitzen*

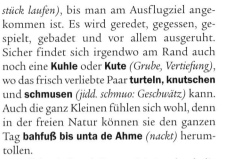

`ne janz olle Scheese

Wer mit seiner **Rennpappe** *(Trabant)* gefahren
ist, kann mit seiner **ollen Scheese** *(frz. chaise:
Stuhl oder port-chaise: Sänfte)* auch direkt von
der **Kuhwiese** *(Weide)* nach Hause fahren.
Aber stolpern Sie nicht, sonst hören Sie
womöglich **Falln Se langsam, denn hahm Se
mehr davon.**

Klärchen und die jungen Hunde

Ein paar Takte zum Berliner Wetter: Das ist zwar manchmal etwas wechselhaft, aber so viel Regen wie Norddeutschland bekommt Berlin längst nicht ab. Dafür wehen im Winter eisige Winde aus östlicheren Gefilden; da sollte man sich schon warm anziehen und ein paar **Popelfahnen** *(Taschentücher)* einstecken!

det is doch keen Wetta nich´.

..., das sagt der Berliner, wenn das Wetter einfach nicht auszuhalten ist. Eine **Husche** *(Regenschauer)* stört den Berliner nicht, aber wenn es **Strippen** *(Streifen)* regnet, so richtig **pladdat** *(gießt)* oder gar **junge Hunde rejnet** *(Wolkenbruch)*, freut jeder sich, wenn **Klärchen** – so nennen Berliner die Sonne – endlich wieder hervorkommt.

Im Sommer spielt sich in Berlin das pralle Leben auf den Straßen, Hinterhöfen und in den Parks ab. Auch wenn Mal eine **Bullen- oda Affenhitze** *(große Hitze)* herrscht und zudem eine **Demse** *(Schwüle)* über der Stadt hängt. Fakt bleibt: Die legendäre **Berliner Luft** ist besser – dank der vielen grünen Lungen – als mancher glauben mag.

Wenn es kalt wird, zieht man sich in seine **jemütliche Bude** zurück, macht Tee, Glühwein oder Bratäpfel. Wenn Sie mal **nich so schnell zittan könn', wie Se friern**, weil Ihnen *nicht so schnell zittern* **ahschkalt** *(richtig kalt)* ist, dann hätten Sie sich *können, wie Sie frieren* vielleicht besser **anpüngeln** *(anziehen)* sollen.

dick anziehen

anpellen	anziehen	
faklei'n	anziehen *(verkleiden)*	
inmummeln	warm anziehen	
in Schale schmeißen	fein anziehen	
Kluft	Kleidung	*jidd. keliphas: Schale*
Klamotten	Sachen, Kleidung	
Plünnen	Sachen	
Plastik-/Friesen-Nerz	Regenjacke	
Fummel	Kleid, Garderobe	
Schlüppa	Unterhose, Slip	
Halfta, Obsttüten, Balkonfakleidung	Büstenhalter	
Hemde	(Unter)hemd, T-Shirt	
Buxen	Hosen	
Strickhemde	Pullover	
Treta, Botten, Fußlappen, Latschen, Trittchen	Schuhe	
Puschen, Leisetreta	Hausschuhe	
Pantinen	Holzlatschen	

Na denn: Prost Mahlzeit!

Nein, in diesem Abschnitt geht es weder ums Trinken, noch ums Essen. Wenn Sie diesen Satz hören, ist es unklar, wie's weitergehen soll. Seien Sie vorsichtig, sonst gibt es womöglich mächtigen Ärger!

anblasen, anmotzen, anpflaumen, anblaffen, anniesen, anquietschen

Ärger machen, Streit suchen, zurechtweisen

Mann eh, hat der den anjeniest ...
Mensch, hat der den zurechtgewiesen...

Kannste Jift druff nehm, det ick die Tante no'mal anquietsche deswejen.
Du kannst sicher sein, dass ich die Frau deswegen nochmal zur Rede stelle.

anschmieren, anmeian
betrügen, unehrlich sein

saua oda stinkich sein
verärgert bzw. eingeschnappt sein

70 | siebzich

abwiegeln & beruhigen

Wenn sich ein Gespräch unerfreulich entwickelt, Sie aber Ärger abwenden wollen, versuchen Sie es mit Beschwichtigungen: **Is ja jut. Ach komm, krich'da wieda ein. Eijentlich haste ja nich so Unrecht...** Möglicherweise beruhigt sich Ihr Gegenüber wieder, wenn er merkt, **det Se janischt von ihm wolln**.

drohen & provozieren

Na, Kleena, soll ick da ma aus'm Anzuch helfen / aus'm Mantel hehm?
Na, Kleiner, soll ich dir mal aus dem Anzug helfen / dich aus dem Mantel heben?

Komma her. Pass ma uff: hier is meene Faust, die riecht nach Friedhof. Willste ma riechen?
Komm mal her. Pass mal auf: hier ist meine Faust, die riecht nach Friedhof. Willst du mal riechen?

Nu mach ma nich so 'n Menkenke/Uffriss!
Gib mal nicht so an!

Wichs nich rum!
Mach mich nicht an / hör auf!

Mach da ma nich uff de Hacken!
Tu nicht so / gib nicht so an!

Um auszudrücken, dass man an dem Verstand des Anderen zweifelt, gibt es diese:

Du hast doch 'n Rad ab?!
Du hast doch nich alle Tassen im Schrank?!
Dir ham se wohl zu heiß jebadet?!
Du bist ja nich bei Troste?!
Du bist ja übajeschnappt?!
Dir ham se wohl mipm Klammabeutel
jepudat?! *(mit dem Klammerbeutel gepudert)*

So den Geisteszustand eines Menschen in Zweifel zu ziehen, kann freilich schwerwiegende Folgen haben. Wenn dann eins das andere ergibt, **kricht jeda sein Fett weg** *(seinen Teil ab)* und die Fetzen fliegen. Dann gibt es Prügel oder Schläge: **Abreibung, Keile, Senge, Dresche, Kloppe, eenen uff de Mütze, eenen üba de Rübe, ...**

sich entschuldigen

Anlässlich peinlicher Situationen oder auch nach Missverständnissen sollte sich natürlich niemand zu fein sein, sich zu entschuldigen.

Tut ma Leid, dit wollt'ick nich.
Tut mir Leid, das wollte ich nicht.

Schuldijung/Schanuldijung.
Entschuldigung.

Is zwa'ne späte Insicht, aba haun wollt'ick Se eijentlich nich.
Es ist zwar eine späte Einsicht, aber schlagen wollte ich Sie eigentlich nicht.

Junga Mann, watt machen Se denn da unten, stehn Se ma uff, Se ham sich ja janz dreckich jemacht.
Junger Mann, was machen Sie denn da unten, stehen Sie mal auf, sie haben sich ja ganz schmutzig gemacht.

Imma rin inne jute Stube

Das ist ja eine schöne Überraschung, dass Sie mal reinschauen in unser einfaches Heim. Das war aber nicht nötig mit den Blumen! Treten Sie ein. Soll ich Ihnen die Jacke abnehmen oder wollen Sie die selber aufhängen?

Det is ja'ne schöne Übaraschung, det Se ma rinkieken in unse bescheidene Hütte! Ooch Mönsch, det wa'aba nich nötig, mit den Primeltopp! Komm Se mal dohch. Soll'ick Se de Jacke wechnehm oda wolln Se sich selba uffhäng'? So, jetzt sind Sie also drin in einem richtigen Berliner Mietshaus. Die sind inzwischen zwar zum Teil saniert, aber viele alte Häuser haben noch immer Außenklo, Ofenheizung und einfache Fenster (nicht nur in den Ost-Bezirken!). Mehr oder weniger neue Neubauten gibt es in allen Teilen Berlins, da die Stadt im letzten Weltkrieg sehr stark zerstört wurde und die Bevölkerungszahl seitdem ständig zugenommen hat. Ob jemand nun **bonforzjonös** bzw. **pomforzjonös** wohnt oder eben schlichter, ist natürlich letzten Endes gar nicht so entscheidend. Ist das kein schönes Wortspiel aus *frz. bon = gut + frz. fort: stark* bzw. „Komfort" und „luxuriös"?

Bude	Wohnung, Zimmer
schmalet Handtuch,	kleines Zimmer,
Kabuff, Buchte	Kammer
Kochzimma	Küche
Miefquirl **Miefquöhl**	Ventilator, Lüfter
Heule	Radio
Glotze **Jlotze**	Fernseher
Flohkiste, Heia, Falle,	Bett
Furz- **Fohzmolle, Kiste, Buchte**	

Wahten Se ma 'n Momentchen, ick hab doch nur det Radio an.
Warten Sie mal einen kleinen Moment, ich habe gerade nichts an.
Moment, ich zieh mir nur rasch etwas über.

Also een ohndlichen Kaffe und'n Keks kann ick Ihn anbieten, ville mehr ha'ick nich da.
Also einen ordentlichen Kaffee und ein paar Kekse kann ich Ihnen anbieten, viel mehr habe ich nicht im Haus.

Nee, nee, keen Blümchenkaffee oda Muckefuck, sondan richtich töhkisch.

Blümchenkaffe *ist so dünner Kaffee, dass das Muster des Porzellans durchscheint.*

Muckefuck:
Getreidekaffee (frz. mocca faux: falscher Mokka)

Das heißt dann wortwörtlich übersetzt: *Nein, keinen Blümchenkaffe oder Muckefuck , sondern richtig türkisch.*

Och, eijentlich is det hier'n urst schaua Kiez und det Haus is ooch janz tacko. Bloß, det andauand so'n Radau is hintenraus.
Ach, eigentlich ist das hier eine schöne Gegend und das Haus ist auch ganz in Ordnung. Nur, dass oft so ein Lärm ist auf dem Hof.

Hechtsuppe soll beim Kochen lange ziehen müssen, oder das Wort kommt vom jidd. hech supha: Sturmwind.

Ja, ick weeß, hier ziehts wie Hechtsuppe, aba wat wolln Se'n machen?

Ja, ich weiß, hier zieht es ziemlich doll, aber was kann man da schon tun?

Aba hier drinne hahm wa't richich schnucklich und 'n warma Mief is besser wie'n kalta Ofen.

Aber hier drinnen haben wir es uns schön eingerichtet und die Hauptsache ist doch, dass es gemütlich ist.

Ein kleiner Besuch wird schon mal schnell zum Kaffeklatsch. Man spricht über das Wetter, die Befindlichkeit und darüber **wat inne Zeitung stand** *(über das, was man so erzählt wird)*. **Kohz und jut: üba Jott und die Welt.**

Ick bin nich richtich uff'n Damm ...

Ich fühle mich nicht wohl.

Ick jloob, ick'hab de Krenke. Ich glaube, ich bin krank.

Meen Olla hat ooch de Rüsselseuche.

Mein Mann hat auch Schnupfen.

Der hat woll schon in Besteckkasten jewühlt/ der wollte schon den Löffel abjehm.

Der wäre fast gestorben.

Ihr Been is injeschlafen? Sein Se man froh, det'et nich schnahcht.

Ihr Bein ist eingeschlafen? Sein Sie mal froh, dass es nicht schnarcht.

Ihr Bein ist eingeschlafen? Es gibt ja wohl schlimmere Dinge.

Ville saĝta nich, aba watta saĝt, is Quatsch.
Sehr gesprächig ist er nicht, aber man kann
ihn auch nicht Ernst nehmen.

**Weeßte, Mann is Mann; und wenna in't Bette
sitzt und hustet.**
Weißt du, Mann bleibt Mann; ob er es wirklich ist oder nicht.

**Ham Se schon jehört, wat in unsan
Keeseblatt / inne Kiezpostille stand?**
Haben Sie schon gehört, was in unserer
Stadtzeitung / in der Kiezzeitung stand?

siem'siebzich | **77**

Futtan wie bei Muttan

Essen hält bekanntlich Leib und Seele zusammen. Das trifft auch auf den gemeinen Berliner zu. Wenn der **Knast** oder **Kohldampf** hat – also hungrig ist – sollte die Mahlzeit eher deftig und nicht zu übersichtlich sein. Also gehören hier neben Brot und Kartoffeln vor allem Wurst, Fleisch und Fisch auf den Tisch. **Jemüse** serviert man frisch zubereitet als Salat oder in gekocht in einer Mehlschwitze. Suppen sind eher dick und sämig, denn sie sollen vor allem sättigen; von **Plürre** (*dünner Brühe*) hält man nicht viel. Dazu gibt's immer **'ne Stulle** oder **Schrüppe** und gerne auch **'ne Wohscht** (*Wurst*).

Fisch hat auf der Berliner Speisekarte seinen festen Platz. Neben Karpfen, Forelle und Aal ist Hering in Aspik oder als Rollmops besonders beliebt.

Manche Menschen essen besonders viel: die **fressen wie'n Scheun'drescha**. Ansonsten gibt es viele Begriffe für den Tatbestand, **sich wat in'Kopp zu schiehm** (*sich etwas in den Kopf schieben*) – sprich zu essen: **futtan, beißen, mampfen, inhalieren, schlingen, fadrücken, happan, acheln** (*von jidd. achlen*). Wie bei anderen Themen gibt es hier sicher einige Begriffe, die andernorts auch benutzt werden.

Bevor man mit dem Essen beginnt, wünscht man sich natürlich auch in Berlin:

Juten Hunga/ Appeltit!
Guten Hunger/ Appetit!
Guten Appetit!

Fohke	Gabel	*Forke*
Dolch, Seeje	Messer	*Dolch, Säge*
Loschi	Löffel	*russ.: loschka*
Napp	Schüssel, Schale, Teller	*Napf*
Topp, Pott	Topf, auch große Tasse	*Topf*

Mit dem richtigen Werkzeug in der Hand können Sie sich auf die traditionellen Berliner Lebensmittel und Gerichte stürzen:

kleine Mahlzeit

Bockwohscht	Bockwurst	
Wiena	Wiener Würstchen	
Körriwohscht	Currywurst	
Jejaschnitzel	Jägerschnitzel	
Boulette	Frikadelle (gebraten)	*frz. boule: Kügelchen*
Klops,	Frikadelle (gekocht);	*Königsberger Klops*
Könichsberja	mit Kapernsoße und Salzkartoffeln	
Jummiadla,	gegrilltes Huhn	*Gummiadler,*
Broila		*Broiler*
Ahma Ritta	in Milch und Ei paniertes, gebratenes Weißbrot (dazu Zucker & Zimt, Marmelade oder Rübensirup)	*Armer Ritter*

Brotzeit

Knust, Köhste	Rand, Kruste
Stulle	Scheibe vom Brot
Stulle mit Brot	belegtes Brot
Doppeldecka	Klappstulle
Schrüppe	Brötchen, Schrippe
Fettsemmeln	Brötchen aus Fettteig
Knüppel	längliches Brötchen
Schustajungs	dunkles Brötchen

...und was noch dazu gehört

	Butta, jute	Butter
	Mahjerine	Margarine
	Schnittkeese	Schnittkäse
	Weißkeese	Quark
	Teewohscht	Teewurst
harte Wurst	**Hahte Wohscht**	abgehangene Salami
Hackepeter	**Hackepeta**	Tatar, serviert mit Brot und einem Klaren
Sol-Eier	**Soleia**	Eier; gekocht mit Salz und Kümmel, wochenlang gelagert in Einmachgläsern (manchmal in Berliner Kneipen auf dem Tresen)

Zum Abschluss noch ein netter Berliner Reim
zum Thema Essen:

**Beschei'nheit, Beschei'nheit, falass ma nich
bei Tüsche – jieb, det'ick stets, zu jeda Zeit
det jrößte Stück awünsche.**

Wo 'ne Destille is, is ooch'n Weech

Berliner sind ein geselliges Völkchen. Ob zu Hause auf dem Balkon, mit den Nachbarn im Hof oder in der Kneipe um die Ecke – man genehmigt sich gern auch mal ein gepflegtes Glas Bier oder Wein. Genüssliches Trinken von alkoholischen Getränken nennt sich: **een zwitschan, schnasseln, schnabulieren** oder **abbeißen**; wenn es mal mehr wird, **kübelt** oder **bechat** man bzw. **macht 'ne Sause**. Maßloses Saufen ist es, wenn sich jemand **die Kante jibt**, sich **zuschüttet** oder **zulötet**.

das Glas und sein Inhalt

'ne kühle Blonde,	Bier	
'ne Tasse Mennabrause		*Männerbrause*
'ne Molle und'n Korn	helles Bier & 1 Klarer	
Berliner Weiße	leichtes Weizenbier	
mit Schuss	mit Himbeer- oder Waldmeistersirup	
Berliner Luft	Pfefferminzlikör	
Humpen	Bierseidel (aus Glas oder Steingut)	
Buddel	Flasche	*von frz. bouteille*

In größerer Runde sind oft auch Raucher dabei. Wer seinen Tabak – **Kraut** oder **Stroh** – vergessen hat, kann wenigstens ein Päckchen **Fluppen, Kippen oda Steebchen** *(Zigaretten)* am passenden Automaten holen.

Lokalitäten

frz. boutique: Laden

Budike	Kneipe
Kaschemme	Kneipe (abfällig)
Pinte	ganz kleine Kneipe
Destille	sucht man wirklich nur zum Trinken auf
Nahkampfdiele	Kneipe mit zweifelhaftem Publikum
Stampe	kleine, unspektakuläre Stammkneipe

Beim Zechen werden auch die Kommentare inmmer gehalt- und sinnvoller:

Drei Bier sind ooch ne Mahlzeit.
Drei Bier sind auch eine Mahlzeit.

Ick trinke lieba 'n bisschen mehr, als det'ick zuwenich esse.
Ich trinke lieber ein bisschen mehr, als dass ich zu wenig esse.

Dummheit frisst, Intellijenz säuft.
Dummheit frisst, Intelligenz säuft.

Uff ee'm Been kann man nich stehn.
Auf einem Bein kann man nicht stehen.

Bier uff Wein det schmeckt fein, Wein uff Bier det rat'ick dir.
Bier auf Wein, das schmeckt fein. Wein auf Bier, das rate ich dir.

Een jibs noch zum Abjewöhn'.

Einen gibt es noch zum Abgewöhnen.

Und dann will der Berliner bezahlen:

Oba bring Se ma´t Jeld, ick will zahlen.

wörtl.: Herr Ober, bringen Sie das Geld, ich will zahlen.

Im Laufe eines solchen Gelages kann man mehrere Stadien durchlaufen: 1. Man ist an-getrunken: **betütat, anjedüdelt, anjesäuselt, anjenüchtat**; 2. man ist betrunken: **eenen sitzen hahm, janz schön wat intus hahm, blau sein, im Tee sein**. Später ist man 3. schwer be-trunken: **stramm, zu, hackedicht, steif sein** und schiebt sein Unwohlsein auf das letzte Getränk, das angeblich verdorben war und entleert 4. seinen Magen: **reian, köhtzen** oder **nach Ulf rufen**. Am nächsten Tag hat man dann **Brand wie 'ne Berchzicke** *(schrecklichen Durst)*, den diesmal sicher nur kühles Wasser löschen kann.

Wer öfter oder mehr trinkt, ist ein Schluckspecht *(verträgt viel),* eine Schnapsdrossel *(hat eine Vorliebe für härtere Alkoholika) oder ein* Kampftrinka *(trinkt viel, schnell und häufig).*

Amüsemang und andere Plesierchen

Nach Schulschluss oder **Feiaahmt** (*Feierabend*) und den alltäglichen Erledigungen wie **inkoofen** *(einkaufen)*, **rumwienan** *(putzen)* und **Jörn intüten** *(Kinder ins Bett bringen)* hat man ab und zu noch ein bisschen **Luft** (freie Zeit).

Freizeit-Vergnügen

Neben den Stadtmagazinen sind auch Litfasssäulen *willkommene Informationsquellen, wann, wo, was stattfindet. Der Buchdrucker Litfaß ließ vor ca. 150 Jahren die in Berlin aufstellen.*

Es gibt in Berlin natürlich fast unendlich viele Möglichkeiten, sich sportlich oder kulturell zu betätigen. Aber man muss ja nicht **imma jleich „Kultur machen"**, also kulturelle Einrichtungen aufsuchen. Man kann auch mit Kumpels in irgendeinem der vielen Parks 'rumsitzen und ein abendliches Grillpicknick veranstalten, während nebenan noch ein paar Leute **knödeln** *(Fußball spielen)*, obwohl sie in der Dämmerung den Ball kaum noch sehen können. Neben **Kintopp** *(Kino)*, Theatern und Museen, drehen sich die meisten 24-Stunden-Angebote in Berlin wohl um **Schwof, Bums und Tingeltangel** *(Musik und Tanz)*. Die Qual der Wahl haben so auch jene, die einfach mal so richtig **schau abhotten** *(schön tanzen)* wollen. Sind die Eintrittskarten für die nächste Vorstellung schon ausverkauft, wird die Enttäuschung darüber vielleicht mit einem lapidaren **Dicht daneben is ooch vorbei!** kommentiert, denn tröstlicherweise **is jeteilt Leid ehmt doppelte Freude, wa?**

sportliches Berlin

Der Gemeine Berliner – Berlinus Vulgaris – begeistert sich als treuer Fan für Berliner Mannschaften wie **Hertha BSC, FC Union** *(Fußball)*, **Alba** *(Basketball)* und die **Eisbären** *(Eishockey)*. Auch größere Sportveranstaltungen wie das berühmte **Sechs-Taĝe-Rennen** *(Bahn-Radsport)* lassen sein Herz höher schlagen. Aber damit nicht genug. Viele Berliner sind auch selbst als **Sportla** aktiv; im **Vaein** oder im Fitness-**Zenta**, andere tun's mehr aus Spaß an der Freude.

der Berliner liebt Musik

Die Spatzen pfeifen es von den Dächern: für **wat Melodiöset** *(etwas Melodisches)* **hahm wa mechtich fülle übrich** – sei es heiterer oder ernsterer Art. Typisch für Berlin sind **Jassenhaua** *(Gassenhauer)*, die zu populären Melodien getextet wurden, wie es den Leuten gefiel.

Claire Waldhoff (1884-1957) interpretierte etliche dieser Hits auf unnachahmliche Weise, z.B.: Warum solla nich mit ihr...

Bolle reiste jüngst zu Fingsten, nach Pankow war sein Ziel. Da falor er seinen Jüngsten janz plötzlich im Jewühl. 'ne volle halbe Stunde hat er nach ihm jespürt, aba dennoch hat sich Bolle janz köstlich ammesiert.
In Pankow jabs keen Essen, in Pankow jabs keen Bier. War allet uffjefressen von fremde Leute hier. Nich mal 'ne Buttastulle hat man ihm resaviert, aba dennoch hat sich Bolle janz köstlich ammesiert...

Der Berliner erfreut sich auch an Oper oder Operette und verulkt den Freischütz als Schreifritz, den Rigoletto als Riejelotto und den Fliegenden Holländer als Liejenden Flohhendler.

Neben dem Leierkastenmann **Latschen-Paule** und dem Geklimper der **Hahfen-Jule**, deren Musik früher auch auf den vielen Hinterhöfen zu hören war, genossen und genießen Berliner viele Arten von Musik: Vom Chansonettchen in der Bar über kleine Kapellen in Biergärten und Ballhäusern bis hin zu Orchestern und Chören der großen Berliner Bühnen. Jetzt gehören auch diverse Festivals zum Berliner Musikleben: **Lafparehd** *(Loveparade)*, der **CSD** *(Christopher Street Day)*, **Kahneval der Kulturen** *(Karneval-)*, **Heimatklenge** *(-Klänge)* sind wahre moderne Publikumsmagneten.

alles hat ein Ende

...und auch, wenn in Berlin nicht nur die Kreuzberger Nächte lang sind, ist es irgendwann Zeit, zu gehen, auch wenn **et jrad am schönsten is...**

Ick hab den Kanal voll.

Ick mach die Flieje / 'n Abfluch / 'ne Flocke.
Ich gehe.

Ick fafatzma/fadünnisierma/fadufte.
Ich ziehe mich zurück.

Von Jefühle, Liebe & Triebe

Denkste denn... Klar, sie sind **frech wie Oskah – aba ooch Jemühtsmenschen**, die Berliner. Sich **jejenseitich** kennen zu lernen und näherzukommen, macht ja einen **Jutteil** des alltäglichen Lebens aus und natürlich ist Berlin auch in dieser Hinsicht etwas Besonderes: offen, bunt und tolerant. Damit Sie nicht durcheinander kommen, erst Mal etwas zu den Mädchen:

In Berlin gibt es viele süße Jungs (Schwule), die zwar oft furchtbar nett, aber nicht sonderlich an weiblichen Wesen interessiert sind. Unterm Strich wäre Berlin um einiges ärmer, wenn man sich die Cafés, Bars und Clubs vom andan Ufa (anderen Ufer) wegdenken sollte.

über Frauen

is ja 'ne dufte Biene	hübsches Mädchen
kesse Motte	selbstbewusste Frau
'n steila Zahn	attraktive Frau
een fescha Feja	temperamentvolles Weib
Trulla, Tussi	Frau, Mädchen
schicke Möpse/Äppel	ein schöner Busen

Aus die nette Kleene is ja 'n ollet Reff jeworn.
Aus der netten Kleinen ist ja ein richtiges Wrack geworden.

ndt. rif: Kadaver

Det is ja Fischas Tochta: vorne platt und hinten Waschbrett.

Das ist ja Fischers Tochter, da ist ja gar nichts dran.

über Männer

'n Mannsbild	ein Mann!
een junga Jott	ein junger Gott
een Jedicht von Mann	wunderbarer Mann
'n Pomadenhengst	Aufschneider
olla Fatzke	unangenehmer Kerl
'ne Matte hahm	viel Geld haben
Piesepampel	blöder Mensch
Nappkuchen, Nappsülze	Verlierer

Der jeht ran wie Hektor anne Bouletten.
Der ist besonders mutig/forsch.

'n schicka Kerl, aba kalt wie'ne Hundeschnauze.

Ein ansehnlicher Typ, aber ohne Gefühl.

Tja, da haste woll Traua, wa?
Tja, da hast du wohl Trauer, nicht wahr?
Tja, davon bist du wohl nicht so begeistert, nicht wahr?

über Männlein und Weiblein

ndt. snicker: adrett

schnieke	hübsch
Knackahsch	ein fester Hintern
Klunkan, Jehenge	(auffälliger) Schmuck
Nasenfahrrad, Kompottschalen	Brille

**Schade, det ihre Frau keene Witwe /
ihr Mann keen Witwa is.**
Sie haben eine(n) wunderbare(n) bzw. sehr
interessante(n) Frau (Mann).

**Die/der lässt ein doch am steifen Ahm
fahungan.**
An die/den kommt man bestimmt nicht ran.

**Der/die hat'n Jemüt wie'n Schaukelferd,
der merkt janüscht.**
Der/die ist ganz abgestumpft.

Die/der hat ja Beene bis uff de Erde!
Die/der hat aber lange Beine!

**Der/die hat sein Kopp doch ooch nur für'n
Frisör.**
Der/die ist bestimmt ziemlich dumm.

**Haupsache, der Mann / die Frau is schön.
'n jutet Jemüt ha'ick alleene.**
Hauptsache, gut sieht er/sie aus, alles andere
ist doch egal.

Der/die lööft ja üban jroßen Onkel. *frz. ongle: Zehennagel*
Der/die hat ja X-Beine.

Mögliche und unmögliche Gefühle bzw. Be-
findlichkeiten umschreibt man in Berlin so:

feixen, kichan, jackan, jickan
    lachen, kichern, gackern, ...

heulen, flennen, singen, jaulen
  weinen
Schiss, Dremmel, Bammel, Muffenjang hahm,
'n Flattamann kriejen
  Angst haben
keene Traute hahm
  sich nicht trauen
sich jraulen
  sich gruseln, fürchten
in Brass sein, 'n Hals hahm
  wütend sein
bedrippt sein
  traurig, niedergeschlagen sein
janz alle, ab, fertich, aschossen sein
  erschöpft, k.o. sein
tottan, mosan, meckan
  schimpfen, quengeln

mir is mulmich, blümerant, janich feialich
    unwohl sein

blümerant = *frz. bleu mourant: blaßblau*

inne Klemme, Patsche sein
    in einer Verlegenheit sein

Schwulitäten, Bredullje/Bedrullje
    Schwierigkeiten

frz. bredouille: Verlegenheit

gnatzich sein
    eingeschnappt, verstimmt sein

Schwein, Dusel, Masel jehabt
    Glück gehabt

Masel = *jidd. masl: Schicksal*

den richtchen Riecha hahm
    Gespür für eine Situation haben

det is nich meine Kragenweite
    das passt mir nicht

Bei aller Sehnsucht haben manche Menschen Vorstellungen von ihren Traumprinzen und Herzensdamen, die so schnell keiner erfüllen kann. **Uff eewich** bleibt man aber bestimmt nicht **muttaseelenalleen**, denn von Zeit zu Zeit aber trifft Amors Pfeil ja auch... **und denn is ma im siemten Hümmel oda selbija volla - Jeijen** *(voller Geigen),* **wa?**

Geliebte Männer

Kerl, Prinz, Süßa, Macka

ndt. macker: Kamerad, Geselle

Geliebte Frauen

Flamme, Braut, Köhsche *(Kirsche),* **Ische, Süße, Kleene, Schnalle, Mäuseken**

jidd. ischa: Frau

Wenn die beiden also verliebt sind und nicht nur er sie begehrt, sondern sie sich auch immer näher zu ihm hingezogen fühlt, dann geht es aber los: dann wird geküsst und befühlt, sich umarmt und geflüstert.

Wenn'et nu jefunkt hat zwischen die zwee beede und nich nur er schaaf is uff sein Meechen wie so 'ne Rasierklinge, sondan sie ooch Jefühle kricht, denn jeht'et aba los: denn wöhd jeknutscht und jefummelt, jedrückt und jetuschelt.

Und wenn man sich's miteinander so richtig gut gehen lässt, sollte man vielleicht auch wissen, wie die Dinge heißen, die sich einem so darbieten und liebkost werden wollen. Die **Jlocken** *(Glocken)*, **Klöten, Eia** und **Oliven** kommen meist in Paaren vor, während ganz in der Nähe ein **Lümmel, Schniepel** oder **Piepel** rumhängt oder -steht. Wenn dieser sich in Richtung **Schrüppe** *(Schrippe)*, **Möse, Muschi, Blume** oder **Maus** bewegen sollte, ist es in jedem Falle ratsam, einen **Parisa** oder andere **Übaziehа**, im Zweifelsfall wenigstens eine **Lümmeltüte** zur Hand zu haben. Den Geschlechtsverkehr nennt der Berliner **pimpan, böhschten** *(bürsten)*, **een Hörnchen machen, orjeln, löten** oder **vöjeln**, während er die manuelle Variante **rubbeln** und **zupfen** nennt.

Wer schläft, sündicht nicht. Wer vorher sündicht, schläft bessa.
Berliner Weisheit

Wenn das eigene Interesse allerdings nicht erwidert wird, ist man erstens **abjeblitzt** und zweitens **abjemeldet.** Dann ist es mit der Liebe erstmal **Essich,** d.h. Essig *(von jidd. hesek: Schaden).*

Da is nüscht zu wollen.
Es ist aussichtslos.

**Jeh ma von't Hemde, oda willste dein eijnet
Jeschrei hörn?**
Lass mich in Ruhe, sonst tu ich dir was an!

Dit kannste voll fajessen.
Mach dir keine Hoffnungen.

**Wenn üba eene olle Sache ma wieda Jras -
jewachsen is, kommt sicha een Kamel jelo-
ofen, det allet wieda runta frisst.**

Nu mach'n wa aba ma'n Punkt

Sehn Se, jetzt grinsen Se schon über alle vier
Backen. Ick hoffe det Se jetze det Jefühl
hamm, 'n bissken blickija zu sein, wat'det Ber-
linan anjeht. Villeicht freun Se sich ja ooch,
dass'Se't nu fast jeschafft hamm mit dieset
Büchlein, ooch wenn ick saßen muss, det'dit
selbstredend nur'n Stücke sein konnte von
ditte, wat hier in echt abjeht, wa.

Vielleicht sind Sie ja noch ein wenig unent-
schlossen, ob Sie wirklich versuchen wollen,
zu berlinern... Versuchen Sie es einfach! Sie
werden keineswegs **brejenklüterich** davon
(*von ndt. Bregen: Gehirn* und *Klüter: Klumpen*);
im Jejentum, es geht gewiss bald aus dem
Schlisslaweng (*frz. ainsi la vint: so ging das vor
sich*). Denn wer nie sein Brot im Bette aß, weiß
eben nicht, wie Krümel pieken. – Manche

*Sehen Sie, jetzt
strahlen Sie. Ich hoffe
dass Sie jetzt das
Gefühl haben, einen
besseren Durchblick zu
haben, was das
Berlinern angeht.
Vielleicht freuen Sie
sich ja auch, dass Sie
das Büchlein fast
durchgearbeitet haben,
auch wenn ich sagen
muss, dass dies
natürlich nur ein
Bruchteil von dem sein
konnte, was hier
wirklich passiert,
nicht wahr.*

Erfahrungen muss man eben erst selbst machen, um zu wissen, wovon man spricht. Treten Sie einfach in die Fußstapfen von John F. Kennedy, der im Juni 1963 angesichts des Brandenburger Tores und der Mauer ausrief: „Ick bin ein Börlinör!". Tun Sie es, im Geiste oder wie auch immer; denn wenn Sie nur wollen, werden Sie dazugehören.

Am Ende des Büchleins angelangt, wird es Zeit, sich zu verabschieden. Wer's Französisch netter findet, kann einfach **Tschöh** oder auch *frz. adieu:* **Atschöh** sagen. Berliner haben aber gern das *Geh mit Gott* letzte Wort, deshalb sagen sie **Tschöh mit ö!**

Und schließlich ist der Berliner Humor auch im Spiel, wenn sie **'ne Treene im Knopploch hahm** *(gerührt und traurig sind)*. So wünschen wir zum Abschied so unglaubliche Dinge wie **Falln Se nich in'Briefkasten!**; obwohl es Sommer ist: **Komm'Se nich untan Schlitten!**; jemandem, der kein Auto hat: **Fah langsam!**; oder jemanden, den man gar nicht kennt: **Und jrüß schön!** So sind Sie, die Berliner ...

Und jetzt: **Jehn'Se mit Jott, aba jehn'Se, Faehrteste oder Faehrtesta, janz wie Se wolln.** *jidd.* **Als allaäußastet wünsch'ick noch Hals und** *hazlocho we brocho:* **Beenbruch!** In diesem Sinne: **machen Se't jut,** *Glück und Segen* **wat ooch imma...**

Büchaliste

Möglicherweise haben wir Sie ein bisschen neugierig gemacht, sich weitergehend mit der Berliner Sprache zu beschäftigen, deshalb einige Empfehlungen, alle erschienen in Berlin:

Schmidt, E. Freizeitlexikon, Eulenspiegel-Verlag – *köstliche Karikaturen!*

Vontra, G. & Renneisen, H. J. Mit Berliner Herz und Schnauze, Berlin-Information 1983

Rudolf, E. Fritze Bollmann wollte angeln, arani-Verlag 1980 – *Berliner Liedtexte*

Lemke, G. Wie eiskalt ist's im Hemdchen, arani-Verlag 1986 – *diverse Theaterstücke in Reimform und dann auch noch berlinert!*

Küchler, M. Die keusche Erotik der Preussen, Verlag Bauwesen 1999 – *Fotosammlung*

Kiessig, I. Berliner Sagen, Berlin-Information 1988 – *spannend und bildsam*

Wiese, J. Berliner Wörter und Wendungen, Akademie-Verlag 1987 – *klein, aber oho!*

Schlobinski, P. Berliner Wörterbuch, arani-Verlag 1993 – *ein umfassendes Werk*

Franke, W. So red't der Berliner, arani-Verlag 1957 – *kurzweilig geschrieben*

Schildt, J. & Schmidt, H. Berlinisch. Geschichtliche Einführung in die Sprache einer Stadt, Akademie-Verlag 1986 – *umfangreich!*

Peters, G. Keen Pardon vor nischt und niemand – Berliner Spott für hundert Berliner Bauten, Verlag Bauwesen

Diese Bücher und Schriften sind nicht über den Reise Know-How Verlag erhältlich. Bitte wenden Sie sich an Ihre Buchhandlung!

Anmerkung der Autorin: Die vom Eulenspiegel-Verlag & Berlin-Information herausgegebenen Bücher sind alle in den Berliner Stadtbibliotheken ausleihbar, sonst vermutlich nur noch in Antiquariaten zu finden.

HAUPTSTADT BERLIN

Mehr erleben als die Love Parade

Der in der **Reihe REISE KNOW-HOW** erschienene City-Guide zeigt die ganze Vielfalt dieser Kulturmetropole und läßt auch auf wenig beschrittenen Wegen die Stadt lebendig werden. Hinzu kommen informative und praktische Erläuterungen zu Restaurants, zu Verkehrsmitteln und zur Unterkunft, zu Anreise und Ausflügen in die Umgebung. Auf Rundgängen werden Zusammenhänge deutlich, die der Ortsunkundige sonst nicht erkennen würde.

Auf 384 Seiten, mit ca. 110 Fotos und 25 Karten findet sich:

- **Informatives:** aktuelle Tips zur Vorbereitung und Anreise
- **Hintergründiges:** sachkundige Architekturbeschreibungen
- **Praktisches:** Unterkunft, ausgefeilte Einkaufstips, Verkehrsmittel
- **Vertrauliches:** Nacht und Szene - Highlights
- **Fundiertes:** Touren in alle Winkel der Metropole
- **Detailliertes:** Preise, Adressen, ausführliche Register, genaue Karten

REISE KNOW-HOW Verlag Peter Rump GmbH, Bielefeld

Rejista

Die wichtigsten Stichwörter werden hier alphabetisch zusammengefasst und fangen alle ungeachtet ihrer üblichen Schreibweise mit einem Großbuchstaben an. Die Zahl hinter den Einträgen verweist auf die Seite, auf der man den entsprechenden Ausdruck findet. Umlaute und „ß" sind wie Buchstaben ohne Sonderzeichen einsortiert.

Klammabeutel 72
Klamott 54
Klamotten 69
Klapsmühle 42
Klärchen 32, 68
Klaro 32
Klaue 58
Kleb 38
Kleen 41
Kleena 71
Kleene 87, 92
Kleenen 42
Kleffa 56
Kleid 46
Kleinkleckasdorf 44
Klemme 91
Klieren 58
Klitsche 66
Kloppe 73
Klops 41, 79
Klöten 92
Kluft 69
Klunkan 88
Knacka 41
Knackahsch 88
Knall 38
Knalla 42
Knallkopp 42
Knast 78
Knechten 59
Knieen 23
Knochenmühle 59
Knödeln 84
Knolle 39
Knopploch 94
Knorke 31
Knuffen 58-60
Knust 80
Knutschen 67
Knülch 43

Knüppel 80
Koch-Akemie 59
Kochzimma 74
Koffa 40
Kohldampf 78
Kohlen 62
Kohlen-Hannes 50
Köhsche 17, 91
Köhste 80
Köhtzen 83
Kohz 16, 29, 76
Kohza 41
Kohze 37
Kompottschalen 89
Könichsberja 79
Könnta 9
Koofen 63
Köpenick 50
Kopp 17, 39, 48, 78, 89
Korinthenkacka 43
Korn 81
Körriwohscht 79
Köstlich 85
Köta 56
Krabben 37
Krağen 48
Krağenweite 91
Krause 32
Kraut 81
Kremsafahrten 67
Kremser 67
Krenke 76
Kreuze 39
Krich 71
Krichste 38
Kricht 73, 92
Kriejen 38, 90
Kriejick 60
Krist 16

Kriste 20
Kröten 37
Krückstock 46
Krümel- 43
Kübelt 81
Kuhle 67
Kühle 81
Kuhwiese 67
Ku'damm 56
Kulturpickel 55
Kunde 47
Kürsche 17
Kute 67
Kutte 50

L

Laban 27
Lach 11
Lackaffe 46
Lafparehd 86
Lameng 58
Lampe 56
Landeia 44
Langa 41, 55
Langsam 67, 94
Latschen 52, 69
Latschen-Paule 86
Latz 38
Laube 66
Laumkolonie 66
Laumpiepa 66
Lauscha 36, 39
Lebendjem 52
Lehm 11, 30
Leid 73
Leisetreta 69
Lejen 40
Lestaschwein 21

Die Autorin

Sibylle Kohls – das bin ich – wurde 1966 in der mecklenburgischen Stadt Güstrow geboren. Noch im Kleinkindalter zog ich nach Berlin und hatte binnen einer Woche die Berliner Sprache zu meiner eigenen erklärt. Ich wuchs im Herzen Berlins auf und blieb der wunderbaren, bunten und wilden Stadt seither treu. Das gewünschte Sprachstudium war mir zu Zeiten der Berliner Mauer nicht vergönnt, dafür lernte ich umso besser die Sprachen und Dialekte der – von Ostberlin aus – erreichbaren Gegenden dieser Welt kennen. Auch in der eigenen Sprache gab es so einige Merkwürdigkeiten zu erforschen, deren Ursprünge zum Teil gar nicht so klar auf der Hand lagen (dafür aber umso neugieriger machten).

Besonders interessant fand ich allerdings, dass manche Menschen, die Berlin besuchten, für die doch recht deutliche Sprache fast einen Dolmetscher benötigten. Als ausgemachter „Sozialtrüffel" (Erwachsenenbildung, Arbeit mit Familien) dauerte ich diese Menschen und biete Ihnen jetzt diesen kleinen Dialektführer als Hilfe an.

**Behalte die Nerven,
so schwer't ooch fällt,
denn kommste viel leichta
dohch unsere Welt.**